Der Nationalsozialismus
Die Geschichte einer Katastrophe

9. Auflage 2024

© Kohl-Verlag, Kerpen 2012
Alle Rechte vorbehalten.

<u>Inhalt</u>: Friedhelm Heitmann
<u>Redaktion</u>: Kohl-Verlag
<u>Grafik & Satz</u>: Simone Demler & Kohl-Verlag
<u>Druck</u>: Druckhaus Flock, Köln

Bestell-Nr. 11 317

ISBN: 978-3-86632-595-1

Unsere Lizenzmodelle

Der vorliegende Band ist eine Print-<u>Einzellizenz</u>

Sie wollen unsere Kopiervorlagen auch digital nutzen? Kein Problem – fast das gesamte KOHL-Sortiment ist auch sofort als PDF-Download erhält-lich! Wir haben verschiedene Lizenzmodelle zur Auswahl:

	Print-Version	PDF-Einzellizenz	PDF-Schullizenz	Kombipaket Print & PDF-Einzellizenz	Kombipaket Print & PDF-Schullizenz
Unbefristete Nutzung der Materialien	X	X	X	X	X
Vervielfältigung, Weitergabe und Einsatz der Materialien im eigenen Unterricht	X	X	X	X	X
Nutzung der Materialien durch alle Lehrkräfte des Kollegiums an der lizensierten Schule			X		X
Einstellen des Materials im Intranet oder Schulserver der Institution			X		X

Die erweiterten Lizenzmodelle zu diesem Titel sind jederzeit im Online-Shop unter www.kohlverlag.de erhältlich.

Inhalt

DER NaTIONaLSOZIaLISMUS
Die Geschichte einer Katastrophe – Bestell-Nr. 11 317

Vorwort

Liebe Kolleginnen und Kollegen,

die Behandlung des Themas „Nationalsozialismus" gehört zum Pflichtprogramm in der Schule, um das Wesen, die Menschenverachtung sowie Brutalität einer Diktatur aufzuzeigen, damit Vorsorge getroffen wird, dass sich ein derartiges System nicht wieder auf deutschem Boden und möglichst auch nicht anderorts entwickeln kann. Man sollte schätzen lernen, welchen Stellenwert es heute hat, in einer Demokratie leben zu können.

Im vorliegenden Band geht es um den „Nationalsozialismus", der in Deutschland von 1933 – 1945 herrschte und zeitweise das Leben in weiten Teilen Europas bestimmte. Dargeboten werden unterschiedliche Unterrichtsmaterialien, zahlreiche Info-Materialien sowie verschiedene Arten von Arbeitsblättern. Vorgesehen sind die Materialien für den Unterricht in der Sekundarstufe.

Die Materialien eignen sich insgesamt als „Lehrwerk", aber ebenfalls für die individuelle selbstständige Arbeit der Schüler oder als Ergänzungsmaterial zum Schulbuch. Kurz wird die Entwicklung des Nationalsozialismus in der Weimarer Republik (1919-1933) behandelt. Den Schwerpunkt des Bandes bilden der innen- und außenpolitische Werdegang des Nationalsozialismus im Zeitraum 1933-1939. Nur sehr verkürzt wird auf den Zweiten Weltkrieg eingegangen. Der 2. Weltkrieg mit seinen zahlreichen Facetten kann mit dem Band "Lernwerkstatt Der 2. Weltkrieg" *(Kohl-Verlag, Best.-Nr. 10699)* noch vertieft werden.

Im vorliegenden Band ist eine inhaltliche Zusammenfassung des Romans von Hans Peter Richter „Damals war es Friedrich" enthalten. Dieser Roman schildert anschaulich das Leben einer jüdischen sowie einer nichtjüdischen Familie in einer deutschen Stadt von Mitte der zwanziger Jahre des 20. Jahrhunderts bis in die Zeit des Zweiten Weltkrieges hinein. Ganz zum Abschluss des präsentierten Bandes wird ein Wissenstest zum Thema „Nationalsozialismus" angeboten.

Viel Erfolg beim Einsatz der vorliegenden Kopiervorlagen wünschen Ihnen der Kohl-Verlag und

Friedhelm Heitmann

DER NaTIONaLSOZIaLISMUS
Die Geschichte einer Katastrophe   —   Bestell-Nr. 11 317

1 Hitlers Lebensgeschichte

Aufgabe 1:
- *Bringe die 12 Teile des Textpuzzles in die richtige logische und chronologische Reihenfolge.*
- *Schreibe danach den gesamten Text in der korrekten Reihenfolge sowie in Schönschrift auf.*

EA

○ Die neu gegründete NSDAP wurde 1932 die stärkste Partei im Reichstag, ohne die absolute Mehrheit zu besitzen. Am 30.1.1933 wurde Hitler, der erst ein Jahr vorher die deutsche Staatsangehörigkeit bekommen hatte, vom deutschen Reichspräsidenten von Hindenburg zum Reichskanzler ernannt.

○ Nach anfänglichen deutschen Erfolgen („Blitzsiege") wurde Deutschland mit der Zeit von den Alliierten zunehmend zurückgedrängt und schließlich besiegt. Kurz vor der Kapitulation Deutschlands begingen Adolf Hitler und seine Ehefrau, die unmittelbar zuvor geheiratet hatten, Selbstmord.

○ Danach übernahmen in Deutschland die Nationalsozialisten unter der Führung von Hitler mehr und mehr die alleinige Macht und errichteten eine Diktatur. Im August 1934 übernahm Hitler auch das Amt des Reichspräsidenten vom verstorbenen von Hindenburg. Hitler nannte sich von nun an „Reichskanzler und Führer".

○ Hitler lebte nunmehr vom Waisengeld, von Hilfs- und Gelegenheitsarbeiten. Er verkaufte selbst gemalte Ansichtskarten. Von 1907 bis 1913 hielt sich Hitler in der österreichischen Hauptstadt Wien auf und wohnte u.a. in Männerheimen und Unterkünften für Obdachlose.

○ Der Junge galt in der Schule durchaus als intelligent, zeigte jedoch viel zu wenig Arbeitseinsatz. 1903 verstarb Hitlers Vater, 1907 seine Mutter. Nach dem Scheitern in der Schule versuchte Hitler zweimal, zum Kunststudium an der Kunstakademie in Wien zugelassen zu werden, hatte jedoch keinen Erfolg.

○ Im 1. Weltkrieg war der Gefreite Hitler Meldegänger an der Westfront. Der Soldat wurde mehrmals verwundet. Aufgrund von „Tapferkeit" wurde er wiederholt ausgezeichnet, er bekam das Eiserne Kreuz I und II.

○ Wegen „guter Führung" wurde Hitler bereits nach 9 Monaten vorzeitig aus der Haft entlassen. Während seiner Haftzeit schrieb Hitler an seinem zweibändigen Buch „Mein Kampf", das bald darauf veröffentlicht wurde.

DER NaTIONaLSOZIaLISMUS
Die Geschichte einer Katastrophe – Bestell-Nr. 11 317

KOHL VERLAG

1 Hitlers Lebensgeschichte – ein Textpuzzle

Auf Betreiben Hitlers überfielen am 1.9.1939 deutsche Soldaten das Nachbarland Polen. Damit begann der 2. Weltkrieg. Weitere deutsche Angriffe auf andere Länder erfolgten auf Befehl Hitlers danach.

Am 20.4.1889 wurde Adolf Hitler in der österreichischen Grenzstadt Braunau als Sohn eines Zollbeamten und einer Hausfrau geboren. Hitler besuchte zunächst verschiedene Volksschulen, später mehrere Realschulen, ohne hier den Abschluss zu schaffen.

Im Jahr 1913 zog Hitler nach München, wo er sich 1914 beim Ausbruch des Ersten Weltkrieges freiwillig zum Kriegsdienst in einem deutschen Regiment meldete.

1923 unternahm Hitler mit seinen Anhängern in München einen gewaltsamen Versuch („Putsch"), in Bayern die Regierung zu übernehmen. Der „Putsch" wurde jedoch niedergeschlagen. Vor Gericht wurde Hitler zu 5 Jahren Festungshaft verurteilt.

Nach dem 1. Weltkrieg lernte Hitler in München die kleine Partei „Deutsche Arbeiterpartei" (DAP) kennen und wurde das 55. Mitglied dieser Organisation, die 1920 in die „Nationalsozialistische Deutsche Arbeiterpartei" (NSDAP) umbenannt wurde. Hitler, der nun Politiker werden wollte, wurde 1921 Vorsitzender dieser Partei.

DER NaTIONaLSOZIaLISMUS – Bestell-Nr. 11 317
Die Geschichte einer Katastrophe
KOHL VERLAG

Die Entwicklung der nationalsozialistischen Bewegung lässt sich bis zum Jahr 1933 in drei Zeitphasen gliedern:

1919–1923: Gründung und Aufstieg der DAP/NSDAP

Im November 1923 gehörten der NSDAP 55 000 Personen an. Am 8./9.11.1923 unternahmen Nationalsozialisten und Sympathisanten einen Aufstand („Hitler-Putsch") in München. Diese Erhebung (auch „Marsch zur Feldherrnhalle" genannt) wurde jedoch durch die bayerische Polizei niedergeschlagen. Die NSDAP wurde in Deutschland aufgelöst und verboten. Die Verantwortlichen des Staatsstreichversuches wurden nur gering bestraft bzw. vor Gericht sogar freigesprochen.

1924–1929: Neuorganisation der Nationalsozialisten

An die Stelle der verbotenen NSDAP trat im Jahr 1924 die geschaffene Nationalsozialistische Freiheitsbewegung, die bei den deutschen Reichstagswahlen desselben Jahres im Mai 6,5 % der Wählerstimmen, im Dezember 3,0 % erreichte. Nach der Aufhebung ihres Verbotes wurde die NSDAP auf Betreiben Hitlers am 27.2.1925 neu gegründet und wieder aufgebaut. Bis Ende 1929 blieb die NSDAP aber relativ bedeutungslos. Bei den im Mai 1928 durchgeführten Wahlen zum Reichstag betrug der Stimmenanteil für die NSDAP 2,6 %. Damit lag die NSDAP, die damals knapp 110 000 Mitglieder besaß, in Deutschland an 10. Position in der Wählergunst hinsichtlich der Parteien.

1930–1933: Erstarken der NSDAP zu einer Massenpartei

In der Zeit der großen Weltwirtschaftskrise entwickelte sich die NSDAP zu einer Massenbewegung. Im Januar 1930 wurde in Deutschland erstmals ein Nationalsozialist Landesminister. Frick, der im Jahr 1923 am „Hitler-Putsch" teilgenommen hatte, wurde in Thüringen vom dortigen Landtag zum Minister für Inneres und Volksbildung gewählt. Aufgrund des Reichstagswahlergebnisses vom September 1930 wurde die NSDAP mit 18,3 % Stimmen (=107 Abgeordnete) hinter der SPD die zweitstärkste Partei innerhalb des Reichstages. Im Frühjahr 1932 trat Hitler als Kandidat bei der Reichspräsidentenwahl gegen von Hindenburg an, erhielt im 2. Wahlgang 36,8 % der Stimmen, verlor damit jedoch gegen von Hindenburg, der 53,4 % der Stimmen bekam und damit deutscher Reichspräsident blieb. Die Reichstagswahlen im Juli 1932 brachte der NSDAP 37,3 % Stimmen (=230 Abgeordnete). Dadurch war die NSDAP im deutschen Volksparlament die zahlenmäßig mächtigste Fraktion. Obwohl die NSDAP im November 1932 einen Stimmenverlust von 4,3 % (=-34 Sitze) hinnehmen musste, konnte sie ihre führende Stellung im Reichstag behaupten. Allerdings war die NSDAP, die im Januar 1933 über etwa 849 000 Mitglieder verfügte, nicht in der Lage, allein zu regieren, da die NSDAP im Reichstag nicht die absolute Mehrheit besaß.

DER NaTIONaLSOZiaLISMUS
Die Geschichte einer Katastrophe – Bestell-Nr. 11 317

KOHL VERLAG

EA

Aufgabe 1: *Richtig oder falsch?*
Welche der folgenden 10 Aussagen zur „Entwicklung des National-
sozialismus in der Zeit der Weimarer Republik (1919-1933)"
stimmen, welche stimmen nicht? Kreuze an, was zutrifft, und
verbessere schließlich die falschen Aussagen.

		Richtig:	Falsch:
1.	Die Entwicklung des Nationalsozialismus im Zeitraum 1919 – 1933 lässt sich in 3 Zeitabschnitte unterteilen.	☐	☐
2.	Der „Hitler-Putsch" fand im Jahr 1923 in Nürnberg statt.	☐	☐
3.	Die Verantwortlichen des „Hitler-Putsches" wurden nicht zur Verantwortung gezogen.	☐	☐
4.	Die NSDAP wurde vorübergehend verboten.	☐	☐
5.	Im Jahr 1927 wurde die NSDAP neu gegründet.	☐	☐
6.	Bis Ende der zwanziger Jahre des 20. Jahrhunderts war die Partei NSDAP verhältnismäßig unbedeutend.	☐	☐
7.	Erstmals in Deutschland wurde ein Nationalsozialist in Bayern Landesminister.	☐	☐
8.	1930 wurde die NSDAP die zweitstärkste Partei im Reichstag.	☐	☐
9.	Hitler versuchte 1932, deutscher Reichspräsident zu werden.	☐	☐
10.	Ab 1932 konnte die NSDAP in Deutschland allein reagieren.	☐	☐

Verbesserung der falschen Aussagen:

_____

_____

_____

_____

_____

DER NaTIONaLSOZIaLISMUS
Die Geschichte einer Katastrophe – Bestell-Nr. 11 317

KOHL VERLAG

3 Wähler und Mitglieder der NSDAP

EA

Aufgabe 1: *Setze in die Lücken des Textes die passenden Wörter ein.*

> Bevölkerungsteile – Industrielle – Katholiken – Mann – Mitglieder – Mittelstand –
> Soldaten – Sozialdemokratische Partei Deutschlands (SPD) – Stadt – Wirtschaftskrise

In der deutschen Bevölkerung bestand die „Sehnsucht" nach einem starken „_____".
Hitler verstand es im Reden geschickt, Leute für sich und die NSDAP zu gewinnen. Mit ihrer
Weltanschauung und Versprechungen zur Überwindung bestehender Probleme (Arbeitslosigkeit,
Unternehmerverluste, Unruhe auf den Straßen ...) erfassten Hitler und andere Nationalsozialis-
ten in Deutschland vor allem ab 1930 verschiedene _____ mehr und mehr
und zogen sie in ihren Bann.

Bezüglich der Wähler der NSDAP kann man allgemein sagen:

- Die NSDAP fand Anklang besonders beim _____ (bei Handwerkern
  sowie kleineren Kaufleuten, ab ca. 1930 nachhaltig bei Beamten und Angestellten). Der
  Mittelstand sah maßgeblich aufgrund der Inflation seine Existenz bedroht.

- Auf dem Land erzielte die NSDAP größere Erfolge als in der _____.
  Bei den hochverschuldeten Landwirten in Norddeutschland sicherte sich die NSDAP
  bereits frühzeitig Rückhalt.

- In protestantischen Gebieten erhielt die NSDAP weitaus mehr Stimmen als in Gegenden,
  die hauptsächlich von _____ bewohnt waren.

- Im Weiteren profitierte die NSDAP während der _____ im stärkeren
  Maße von vorherigen Nichtwählern, Wechselwählern und Jungwählern.

- Bei den Arbeitslosen erhielt die NSDAP in den Wahlen größeren Zulauf von den Angestellten als von den Arbeitern. Letztere stimmten mehrheitlich für die Kommunistische Partei
  Deutschlands (KPD) bzw. _____.

- _____ wandten sich ab Beginn der dreißiger Jahre in größerer Zahl
  der NSDAP zu, nachdem diese Partei von den ursprünglich geplanten Verstaatlichungs-
  maßnahmen Abstand genommen hatte.

- Auch auf aufstrebende _____ (Offiziere) sowie Studenten übte die
  NSDAP deutliche Anziehungskraft aus.

Die _____ der NSDAP kamen aus allen Bevölkerungsschichten. Gemessen
am Anteil in der Bevölkerung waren prozentual Angestellte, Beamte, Selbstständige und Bauern in der NSDAP stärker vertreten. Demgegenüber waren Arbeiter, Frauen und Rentner in der
NSDAP unterrepräsentiert.

DER NaTIONaLSOZIaLISMUS – Bestell-Nr. 11 317
Die Geschichte einer Katastrophe

KOHL VERLAG

3 Wähler und Mitglieder der NSDAP

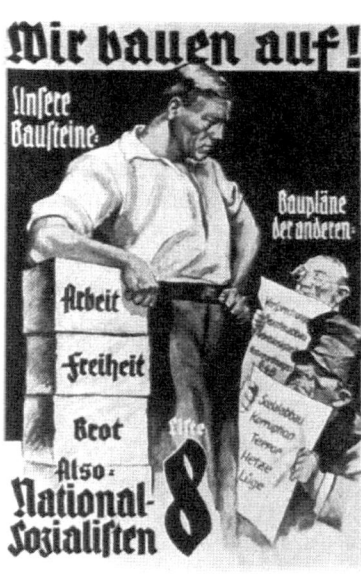

Wahlplakat der NSDAP im Jahr 1932

EA

Aufgabe 2: *Beantworte die Fragen zum Text*
„Wähler und Mitglieder der NSDAP".

a) Wonach sehnten sich in Deutschland ab Ende der
zwanziger und zu Beginn der dreißiger Jahre so
manche Menschen?

_____

_____

b) Warum stimmten bei den Wahlen sehr viele Leute
aus dem Mittelstand für die NSDAP?

_____

_____

c) Wie verhielten sich zahlreiche Bauern in Norddeutschland gegenüber der NSDAP?

_____

_____

d) War die NSDAP in protestantischen oder katholischen Gebieten erfolgreicher?

_____

_____

e) Welche Parteien wurden von den meisten (arbeitslosen) Arbeitern gewählt?

_____

_____

f) Wieso entschieden sich vermehrt Industrielle bei den Wahlen ab 1930 für die
NSDAP?

_____

_____

DER NaTIONaLSOZIaLISMUS – Bestell-Nr. 11 317
Die Geschichte einer Katastrophe

KOHL VERLAG

Der Nationalsozialismus brachte im Grunde keine eigenen Ideen hervor. Vielmehr enthielt der Nationalsozialismus Anregungen aus verschiedenen Denkansätzen (vor allem des 19. Jahrhunderts). Diese Anstöße wurden von nationalsozialistischen Denkern nach eigenem Ermessen verändert und zu einem Entwurf zusammengefasst. Man kann den Nationalsozialismus als „Anti-Ideologie" bezeichnen, da sich seine Verfechter bei der Beschreibung der nationalsozialistischen Zielsetzungen – u.a. aus taktischen Überlegungen – darauf konzentrierten, zu beschreiben, wogegen der Nationalsozialismus kämpfte, aber nicht ausreichend darlegten, wofür er eintrat. Die nationalsozialistische Weltanschauung enthielt zahlreiche Elemente. Die wesentlichen Zielsetzungen des Nationalsozialismus wurden von Hitler im Buch „Mein Kampf" niedergeschrieben. Band 1 erschien erstmals im Jahr 1925, Band 2 im Jahr 1927.

Die Hauptbestandteile der nationalsozialistischen Weltanschauung:

- **Betrachtung des Lebens als Kampf**
  Wer leben will, habe zu kämpfen, d.h. das in der Tierwelt gültige Gesetz „Der Stärkere setzt sich durch!" (=Darwinismus) wurde auf das menschliche Dasein übertragen.

- **Rassismus**
  Die „arische Rasse" (= „deutsche" = „germanische" = „nordische Rasse") sei zur Herrschaft über andere Völker (Slawen, Farbige, ...) bestimmt.

- **Judenhass (=„Antisemitismus")**
  Der Judenhass nahm im Rahmen der nationalsozialistischen Rassenlehre eine Sonderstellung ein. Der Nationalsozialismus schob den Juden für viele Dinge die Sündenbockfunktion zu: Das Judentum verkörpere alles Negative in der Welt. Die Juden seien z.B. schuld an der Niederlage Deutschlands im 1. Weltkrieg sowie an wirtschaftlichen Miseren. Hitler äußerte: „Der Jude darf keineswegs völlig ausgerottet werden. Nein, dann müssten wir ihn erfinden. Man braucht einen sichtbaren Feind, nicht einen unsichtbaren."

- **Deutscher Nationalsozialismus und Imperialismus**
  Folgende außenpolitische Ziele sollten verwirklicht werden: Wiedererlangung von Gebieten, die Deutschland nach dem 1. Weltkrieg abgeben musste (= „Revision des Versailler Vertrages"); unter Berufung auf das Selbstbestimmungsrecht der Völker Angliederung aller außerhalb Deutschlands gelegenen Räume, die von Deutschen bewohnt wurden, an das Deutsche Reich; Schaffung von Lebensraum im Osten; schließlich Errichtung der deutschen Weltherrschaft; Hitler: „Deutschland wird entweder Weltmacht oder überhaupt nicht sein."

DER NaTIONaLSOZIaLISMUS
Die Geschichte einer Katastrophe – Bestell-Nr. 11 317

KOHL VERLAG

• Führerprinzip und Führerkult

Der Staat der Nationalsozialisten war hierarchisch gegliedert. An der Spitze stand der „Führer" mit unbegrenzter Amtsgewalt. Die weiteren dem „Führer" untergebenen Verantwortlichen innerhalb des Staates wurden nicht gewählt, sondern von oben eingesetzt. „Führer" und Volk sollten einander zu gegenseitigem Vertrauen und Treue verpflichtet sein. Aufgrund des bestehenden Führerprinzips war der Nationalsozialismus eindeutig demokratiefeindlich orientiert und organisiert.

• Nationaler Sozialismus

Unter Benutzung von Schlagwörtern wie „Volksgemeinschaft", „Einheit der Schaffenden von Stirn und Faust" ... erhob der Nationalsozialismus den Anspruch, Klassengegensätze sowie andere soziale Unterschiede auszugleichen. Absicht war jedoch nicht der Schutz der gesellschaftlich Benachteiligten, sondern vielmehr der Aufbau einer in sich geschlossenen Volksgemeinschaft. In diesem Zusammenhang benutzten die führenden Nationalsozialisten Ausdrücke wie z.B. „Du bist nichts, dein Volk ist alles" oder „Recht ist, was dem deutschen Volke nützt".

• Antikommunismus

Das insgesamt 25 Punkte umfassende Parteiprogramm der (NS)DAP vom 25.2.1920 enthielt noch sozialistische Forderungen wie Abschaffung des arbeits- und mühelosen Einkommens, Einziehung aller Kriegsgewinne, Verstaatlichung von Betrieben, Gewinnbeteiligung an Großbetrieben, Bodenreform ... Daran hielten die Nationalsozialisten, die sich innerhalb der Partei durchsetzten, jedoch nicht fest. Im Gegenteil, sie lehnten den Kommunismus nicht nur ab, sondern bekämpften ihn energisch.

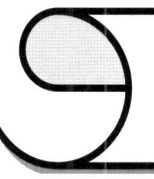

DER NaTIONaLSOZIaLISMUS
Die Geschichte einer Katastrophe – Bestell-Nr. 11 317

KOHL VERLAG

4 Die Weltanschauung der Nationalsozialisten – eine Ideologie

Aufgabe 1: a) *Schreibe aus dem Text die Begriffe heraus, die du nicht kennst.*

_____

_____

b) *Notiere stichwortartig die Sätze des Textes, die du nicht verstanden hast.*

_____

_____

_____

_____

_____

Aufgabe 2: *Fasse den Inhalt des Textes in wenigen Sätzen zusammen.*

_____

_____

_____

_____

_____

Rede Adolf Hitlers im Reichstag zum Ermächtigungsgesetz

DER NaTIONaLSOZIaLISMUS
Die Geschichte einer Katastrophe – Bestell-Nr. 11 317

KOHL VERLAG

4   Die Weltanschauung der Nationalsozialisten – eine Ideologie

Aufgabe 3:   *Vervollständige die anschließend genannten Satzanfänge.*

EA

a) Ideologie ist ... _____

_____

b) Der Nationalsozialismus kann als ... _____

_____

c) Die Nationalsozialisten bekämpften ... _____

_____

d) Das Leben wurde von den Nationalsozialisten ... _____

_____

_____

Aufgabe 4:   *Erkläre mit deinen eigenen Worten, was man unter „Führerprinzip"
versteht.*

EA

_____

_____

_____

Die sogenannte "Kinderlandverschickung"

Aufgabe 5:   *Beschreibe, welchen Eindruck
die Kinder am Zugfenster auf
dich machen.*

EA

_____

_____

_____

DER NaTIONaLSOZIaLISMUS – Bestell-Nr. 11 317
Die Geschichte einer Katastrophe

KOHL VERLAG

Am 30.1.1933 begann in Deutschland offiziell die nationalsozialistische Regierungsherrschaft (= „Machtergreifung"). An diesem Tag wurde Hitler durch den Reichspräsidenten von Hindenburg legal zum deutschen Reichskanzler ernannt. Hitler leistete den Eid, sich mit aller Kraft für das deutsche Volk einzusetzen, die Verfassung und die einzelnen Gesetze einzuhalten sowie das Regierungsamt unparteiisch und gerecht auszuüben. Am Abend des 30. Januar 1933 fanden in der Hauptstadt Berlin sowie in sehr vielen anderen deutschen Städten und Orten Siegeskundgebungen der Nationalsozialisten sowie ihrer Verbündeten statt. Es gab Aufmärsche und Fackelumzüge der nationalsozialistischen Verbände SA (=Sturmabteilung), SS (=Schutzstaffel) und von der Organisation Stahlhelm (= Bund der Frontsoldaten).

Die Nationalsozialisten waren zunächst nicht allein regierungsfähig. Aufgrund der Wahlen vom 6.11.1932 hatte die NSDAP im höchsten deutschen Parlament nur 196 Sitze (= 33,1 % Stimmen) inne. Auch die Anzahl der Sitze ihres Bündnispartners Deutschnationale Volkspartei (= DNVP), die 52 Sitze (= 8,8 % Stimmen) erlangt hatte, reichte nicht aus, um im Reichstag gemeinsam die absolute Mehrheit stellen zu können. Von daher war die am 30.1.1933 gebildete deutsche Regierung, die sich aus Vertretern der NSDAP, der DNVP, Parteilosen und einem Mitglied des Stahlhelms zusammensetzte, ein „Präsidialkabinett", d.h. es stützte sich lediglich auf das Vertrauen des Reichspräsidenten.

Aufgabe 1:　a)　*Kam Hitler am 30. Januar 1933 ungesetzlich oder legal an die Macht? Begründe deine Aussage.*

EA

---

b)　*Wie findest du, dass am Abend des 30.1.1933 vielerorts Siegeskundgebungen, Aufmärsche und Fackelumzüge von Nationalsozialisten sowie Verbündeten stattfanden? Begründe deine Meinung.*

---

c)　*Was versuchte Hitler, als die Nationalsozialisten nicht allein eine Regierung bilden konnten?*

DER NaTIONaLSOZIaLISMUS
Die Geschichte einer Katastrophe   –   Bestell-Nr. 11 317
KOHL VERLAG

„Der Reichstag hat das folgende Gesetz beschlossen, das mit Zustimmung des Reichsrats hiermit verkündet wird, nachdem festgestellt ist, dass die Erfordernisse verfassungsändernder Gesetzgebung erfüllt sind:

Artikel 1:

Reichsgesetze können außer in dem in der Reichsverfassung vorgesehenen Verfahren auch durch die Reichsregierung beschlossen werden ...

Artikel 2:

Die von der Reichsregierung beschlossenen Reichsgesetze können von der Reichsverfassung abweichen, soweit sie nicht die Einrichtung des Reichstags und des Reichsrats als solche zum Gegenstand haben. Die Rechte des Reichspräsidenten bleiben unberührt.

Artikel 3:

Die von der Reichsregierung beschlossenen Reichsgesetze werden vom Reichskanzler ausgefertigt und im Reichsgesetzblatt verkündet. Sie treten, soweit sie nichts anderes bestimmen, mit dem auf die Verkündung folgenden Tage in Kraft ...

Artikel 4:

Verträge des Reichs mit fremden Staaten, die sich auf Gegenstände der Reichsgesetzgebung beziehen, bedürfen nicht der Zustimmung der an der Gesetzgebung beteiligten Körperschaften. Die Reichsregierung erlässt die zur Durchführung dieser Verträge erforderlichen Vorschriften.

Artikel 5:

Dieses Gesetz tritt mit dem Tage seiner Verkündung in Kraft. Es tritt mit dem 1. April 1937 außer Kraft; es tritt ferner außer Kraft, wenn die gegenwärtige Reichsregierung durch eine andere abgelöst wird."

Berlin, den 24. März 1933

Der Reichspräsident
Der Reichskanzler
Der Reichsminister im Inneren
Der Reichsminister im Auswärtigen
Der Reichsminister der Finanzen

DER NaTIONaLSOZIaLISMUS
Die Geschichte einer Katastrophe – Bestell-Nr. 11 317

 KOHL VERLAG

6 „Gesetz zur Behebung der Not von Volk und Reich"

Aufgabe 1: *Beantworte die folgenden Fragen in vollständigen Sätzen.*

a) Von wem wurde das "Gesetz zur Behebung der Not von Volk und Reich" beschlossen?

_____

_____

b) Etwa wie viele Monate nach der Ernennung Hitlers zum deutschen Reichskanzler kam es zu diesem Gesetz?

_____

c) Was ist der Hauptinhalt des Gesetzes?

_____

_____

_____

d) Das angeführte Gesetz wird auch als „Ermächtigungsgesetz" bezeichnet. Erkläre, warum das Gesetz so bezeichnet wird.

_____

_____

_____

e) Lässt sich das Gesetz mit dem demokratischen Prinzip der Gewaltenteilung vereinbaren? Begründe deine Meinung.

_____

_____

_____

_____

_____

DER NaTIONaLSOZIaLISMUS
Die Geschichte einer Katastrophe – Bestell-Nr. 11 317
KOHL VERLAG

6 „Gesetz zur Behebung der Not von Volk und Reich"

Aufgabe 2: *Wieso wird das Gesetz als „Selbstentmachtung", „Selbstausschaltung" bzw. sogar als „Selbstmord des Reichstags" angesehen und benannt? Begründet eure Meinung.*

PA

_____

_____

_____

_____

Aufgabe 3: *Welche Ereignisse führen zum Erlass des „Gesetzes zur Behebung der Not von Volk und Reich"? Ordne der Zeitenabfolge die dazugehörigen Ereignisse zu.*

EA

27. Februar 1933	1 ○	○ A	Einschränkung (sämtlicher) wichtiger Grundrechte
28. Februar 1933	2 ○	○ B	Reichstagswahlen (NSDAP 43,9 % = 288 Sitze)
05. März 1933	3 ○	○ C	Beschluss des „Gesetzes zur Behebung der Not von Volk und Reich"
13. März 1933	4 ○	○ D	Aberkennung der KPD-Sitze im Reichstag
21. März 1933	5 ○	○ E	Reichstagsbrand
23. März 1933	6 ○	○ F	Staatsakt von Potsdam, Eröffnung des neuen Reichstags

DER NaTIONaLSOZiaLISMUS
Die Geschichte einer Katastrophe – Bestell-Nr. 11 317

KOHL VERLAG

7   Nationalsozialistische Machterweiterung & -festigung

Wesentliche Schritte auf dem Weg der Machterweiterung und -festigung:

Nach seiner Ernennung zum deutschen Reichskanzler schöpften Hitler und andere Nationalsozialisten alle Möglichkeiten aus, die totale Herrschaft in Deutschland zu erlangen. Dabei beseitigten sie die Demokratie in diesem Staat.

27.02.1933: Reichstagsbrand, für den die Nationalsozialisten die Kommunisten verantwortlich machten. *Nach heutigem Forschungsstand wurde der Reichstagsbrand von einem Einzeltäter verübt, dem Niederländer van der Lubbe. In jedem Fall nutzten die Nationalsozialisten den Brand zu ihren Gunsten aus, um ihre politischen Widersacher (insbesondere die Kommunisten) auszuschalten (siehe auch Erlass vom 28.02.1933).*

28.02.1933: Nach einer Vorlage des Reichskanzlers Hitler durch den Reichspräsidenten von Hindenburg Erlass der „Verordnung zum Schutz von Volk und Staat … zur Abwehr kommunistischer staatsgefährdender Gewaltakte": Wichtige Grundrechte wie z.B. Meinungs- und Pressefreiheit, Vereins- und Versammlungsrecht, Post- und Briefgeheimnis, Recht auf Eigentum, Unverletzlichkeit der Wohnung, Freiheit der Person wurden eingeschränkt.

05.03.1933: Reichstagswahlen: Letztmalig während der Herrschaft der Nationalsozialisten gab es für die Wähler die Möglichkeit der Entscheidung zwischen mehreren Parteien. Das Ergebnis der Wahlen: NSDAP 43,9 % der Stimmen (= 288 Sitze), DNVP 8,0 % der Stimmen (=52 Sitze) … Damit bestand im Reichstag eine knappe Mehrheit für die NSDAP-DNVP-Koalition.

13.03.1933: Aberkennung der KPD-Reichstagssitze

21.03.1933: Staatsakt von Potsdam: Eröffnung des neuen Reichstages in der dortigen Garnisonskirche; Versprechen Hitlers, der zukünftige deutsche Staat werde an die Tradition der Preußen und an das deutsche Kaiserreich anknüpfen

23.03.1933: Durch den Reichstag Beschluss des „Gesetzes zur Behebung der Not von Volk und Reich" (= Ermächtigungsgesetz): Die Hitler-Regierung wurde zunächst für 4 Jahre ermächtigt, eigenständig Gesetze zu beschließen, ohne dass die Zustimmung des Reichstages erforderlich war. Für die Annahme des Ermächtigungsgesetzes war im Reichstag eine Zwei-Drittel-Mehrheit erforderlich. Von den noch im Reichstag vertretenen Parteien stimmte nur die SPD gegen das Ermächtigungsgesetz.

31.03.1933: Gesetz zur Gleichschaltung der deutschen Länder mit dem Reich: Umbildung der Länderparlamente gemäß dem Reichstagswahlergebnis vom 05.03.1933

DER NaTIONaLSOZIaLISMUS
Die Geschichte einer Katastrophe — Bestell-Nr. 11 317

01.04.1933:	Boykott der jüdischen Geschäfte durch die Nationalsozialisten
07.04.1933:	Gesetz zur Wiederherstellung des Berufsbeamtentums (u.a. „Arierparagraph"): Entlassung von jüdischen und nichtlinientreuen Personen
26.04.1933:	Bildung des Amtes der Geheimen Staatspolizei in Berlin
02.05.1933:	Auflösung der Gewerkschaften
10.05.1933:	Bücherverbrennung: Vernichtung „undeutschen Schrifttums" durch die Nationalsozialisten
22.06.1933:	Verbot der SPD
27.06.1933 bis 05.07.1934:	Selbstauflösung der Parteien DNVP, Deutsche Staatspartei, DVP, BVP, Zentrum …
14.07.1933:	Gesetz gegen die Neubildung von Parteien
01.12.1933:	Erklärung der NSDAP zur Staatspartei
30.01.1934:	Gesetz zur Neuordnung des Deutschen Reiches: Auflösung der Länder, Zentralisierung des Staates
14.02.1934:	Auflösung des deutschen Reichsrates
24.04.1934:	Errichtung des Volksgerichtshofes
30.06.1934 bis 02.07.1934:	„Röhm-Putsch": Ein angeblicher Aufstand des SA-Stabschefs Röhm und seiner Gefährten diente Hitler als Vorwand zur Ermordung etlicher SA-Verantwortlicher und anderer Gegner.
01.08.1934:	Beschluss der deutschen Reichsregierung, das Amt des Reichspräsidenten mit dem des Reichskanzlers zu vereinigen
02.08.1934:	Tod des Reichspräsidenten von Hindenburg: Hitler wurde Staatsoberhaupt Deutschlands, er nannte sich nunmehr „Führer und Reichskanzler". Die Rechswehr wurde von nun an auf Hitler persönlich vereidigt.

Aufgabe 1:

EA

a) *Markiere in der Chronologie die Ereignisse möglichst farbig, die dir am wichtigsten erscheinen.*

b) *Was denkst oder empfindest du, nachdem du die Chronologie gelesen hast? Schreibe auf die Blattrückseite.*

DER NaTIONaLSOZIaLISMUS
Die Geschichte einer Katastrophe – Bestell-Nr. 11 317
KOHL VERLAG

Etwa Mitte des Jahres 1934 war die Herrschaft der Nationalsozialisten in Deutschland bereits weitgehend gefestigt. Deutschland war inzwischen ein Einparteienstaat, denn außer der NSDAP waren alle anderen politischen Gruppierungen verboten. Der Reichstag verlor eindeutig an Bedeutung, da er fortan relativ selten tagte und im Gegensatz zur Reichsregierung, die von Hitler geführt wurde, lediglich nur wenige Gesetze beschloss. Das ursprünglich für die Zeit 1933 – 1937 gültige Ermächtigungsgesetz wurde wiederholt verlängert und galt bis zum Ende der NS-Herrschaft in Deutschland (1945). Die letzte Sitzung der deutschen Reichsregierung während der nationalsozialistischen Herrschaft fand im Jahr 1938 statt, die letztmalige Tagung des Reichstages war 1942.

Aber auch die zusammen mit Hitler die Reichsregierung bildenden nationalsozialistischen Minister spielten zunehmend eine immer geringer werdende Rolle. Sie waren bzw. wurden vielfach Befehlsempfänger und Ausführende der Anordnungen des „Führers und Reichskanzlers".

Über die exekutive und legislative Gewalt hinaus maßte sich Hitler alsbald auch an, die judikative Gewalt auf oberster Ebene auszuüben. So nannte er sich am 13.7.1934 vor dem Reichstag „des deutschen Volkes oberster Gerichtsherr" und versuchte in diesem Rahmen, die in seinem Auftrag erfolgte Ermordung vieler SA-Führer und anderer Personen als Staatsnotwehr zu rechtfertigen. Von Seiten des Reichstages und ebenfalls von damals namhaften Juristen wurde Hitler die eigenmächtige Rechtsprechung zugebilligt. Mit diesem Freibrief und unter dem Deckmantel von Worten wie z.B. „Der Führer schützt das Recht! bzw. „Recht ist, was dem Volk nützt" wurden durch Hitler bestehende Gerichtsurteile willkürlich korrigiert, d.h. gewöhnlich verschärft, wobei er häufig Todesstrafen aussprach und vollziehen ließ.

Mit unerbittlicher Härte gingen die Nationalsozialisten gegen Andersdenkende (Kommunisten, Sozialdemokraten …), Juden und weitere missliebige Minderheiten (Roma, Sinti, Homosexuelle …) vor. Eine umfassende staatliche Überwachung und Verfolgung – ausgeübt durch Polizei, Gestapo, Sicherheitsdienst (SD) – diente dazu, Oppositionelle und andere gesuchte Personen ausfindig zu machen und diese festzunehmen. Dabei wurden die betreffenden Menschen häufig brutal misshandelt, wenn nicht sogar ohne Prozess umgebracht. Zur harten Aburteilung von politischen Gegnern bestanden neben dem im April 1934 geschaffenen Volksgerichtshof zusätzlich Sondergerichte, die viele Angeklagte in Konzentrationslager (KZ), Arbeitslager oder sonstige Gefängnisstätten einweisen ließen. Dort mussten die Insassen Zwangsarbeit verrichten und waren großen körperlichen Belastungen ausgesetzt. Etliche Häftlinge starben während der Haftzeit.

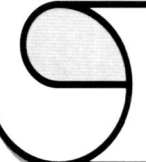

DER NaTIONaLSOZIaLISMUS
Die Geschichte einer Katastrophe – Bestell-Nr. 11 317

KOHL VERLAG

Geistig und körperlich Behinderte wurden von den Nationalsozialisten als Belastung für den Staat und die Gesellschaft betrachtet. Im Rahmen eines groß angelegten Programms wurden zahlreiche Geisteskranke (nach Schätzungen ca. 200 000 deutsche Patienten) während der NS-Herrschaft heimlich getötet.

Durch die Nationalsozialisten wurde nicht nur die gänzliche „Gleichschaltung" (= das Bringen auf eine einheitliche Linie) der Polizei, Justiz und des politischen Lebens, sondern auch des wirtschaftlichen sowie des kulturellen Ablaufes, der Erziehung, der Medien, der Verwaltung, der zum Deutschen Reich gehörenden Länder, ja aller Berufsverbände vollzogen. Die vorher bestehenden Institutionen und Organisationen verloren ihre Selbstständigkeit, sie waren jetzt ganz und gar an die Anordnungen der deutschen Staats- und Parteiführung gebunden.

Im Weiteren wurde in Deutschland von den Machthabern der Versuch unternommen, Einfluss auf die Kirchen zu nehmen. Aus taktischen Gründen praktizierten die Nationalsozialisten in der Öffentlichkeit zunächst (1933 – 1934) gegenüber den christlichen Kirchen eine freundliche Politik (siehe Reichskonkordat mit dem Vatikan, Feldgottesdienst, Massentrauungen für SA-Angehörige, Einführung des Schulgebets). Die Nationalsozialisten ließen jedoch alsbald zunehmend den kirchlichen Tätigkeitsbereich einschränken: Untersagung mancher Prozessionen, Verbot von eigenen Zeitungen, Verweigerung des bisher von Geistlichen durchgeführten Religionsunterrichts, Umwandlung von Bekenntnis- in Gemeinschaftsschulen.

Oft wurden Geistliche , die sich mit den nationalsozialistischen Vorstellungen und Maßnahmen öffentlich nicht einverstanden erklärten, inhaftiert. Dennoch gelang es den Herrschern in Deutschland nicht, die katholische Kirche und ebenfalls nicht die evangelischen Kirchen auszuschalten. So missglückte Hitlers Bestreben, mit Unterstützung der nationalsozialistisch eingestellten „Deutschen Christen" eine einheitliche Reichskirche zu verwirklichen, u.a. aufgrund der Weigerung der 1934 gegründeten „Bekennenden Kirche". In Anbetracht des vorhandenen Widerstands der christlichen Glaubensorganisationen und aus kriegsbedingten Erwägungen wurde die Bekämpfung der genannten Kirchen auf Anordnung Hitlers während des 2. Weltkrieges zumindest zeitweise aufgeschoben. Insgesamt gesehen übten einzelne Geistliche häufiger und stärker Kritik am Nationalsozialismus, als dies durch die bestehenden Kirchenorganisationen geschah.

DER NaTIONaLSOZIaLISMUS
Die Geschichte einer Katastrophe – Bestell-Nr. 11 317

KOHL VERLAG

Mit großem Aufwand wurde von nationalsozialistischer Seite auf unterschiedliche Weise (Presse, Rundfunk, Film, ...) Propaganda betrieben – eine Aufgabe, für die insbesondere Goebbels als „Reichsminister für Volksaufklärung und Propaganda" zuständig war. Das Bemühen war darauf gerichtet, die einzelnen Bevölkerungsteile zu von der Staatsmacht gewünschtem Denken und Handeln zu erziehen. Ein wesentliches Ziel war, dem deutschen Volk den Gehorsam innerlich aufzuzwingen („Führer befiehl, wir folgen!"). Der psychologisch durchgeführten Massenbeeinflussung vermochten viele Deutsche nicht widerstehen.

Die Nationalsozialisten erwarteten vom deutschen Volk keine eigene Meinungsbildung und auch nicht Kritikbewusstsein, vielmehr wurden diese Dinge und weitere demokratische Grundelemente deutlich unterdrückt. Zwar wurden zwischen 1933 und 1938 in Deutschland je 3 Reichtagswahlen und Volksabstimmungen durchgeführt, die den Nationalsozialisten – nach eigener Darstellung – auf dem Papier 90 % der Stimmen bzw. noch mehr erbrachten, jedoch keineswegs demokratischen Ansprüchen gerecht wurden. Ab November 1933 wurde bei den Reichstagswahlen durch die Nationalsozialisten jeweils nur eine Einheitsliste vorgelegt. Damit waren keine Wahlmöglichkeiten gegeben. Bei den 3 Volksabstimmungen handelte es sich stets um die nachträgliche Bestätigung von bereits abgeschlossenen Aktionen, dem deutschen Austritt aus dem Völkerbund (1933), die Vereinigung des Amtes des Reichspräsidenten mit dem des Reichskanzlers (1934) und der Einverleibung Österreichs durch Deutschland.

Deutschland war eindeutig ein „totalitärer Staat" und blieb es bis zum Ende der nationalsozialistischen Herrschaft im Mai 1945. Allgemeine Kennzeichen eines „totalitären Staates" sind: Einparteiensystem, Führerprinzip, Ausschaltung von Widerstand, ideologisches Programm, Propagandistische Massenlenkung, zentralstaatliche Befehlsgewalt in den Lebensbereichen ... In Deutschland war es für jeden Menschen lebensgefährlich, eine den Nationalsozialisten widersprechende Meinung zu vertreten.

DER NaTIONaLSOZIaLISMUS Die Geschichte einer Katastrophe – Bestell-Nr. 11 317

 KOHL VERLAG

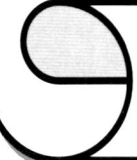

PA

Aufgabe 1: *Überlege dir zum Text „Innenpolitische Lage Deutschlands Mitte 1934"*
10 Fragen, die dein Tischnachbar beantworten soll. Dein Nachbar
macht das Gleiche und gibt dir seine 10 Fragen, die du beantworten
sollst. Schreibt auf ein Extrablatt, das ihr anschließend in euren
Ordner heftet.

EA

Aufgabe 2: *Deutschland ist ein demokratischer Staat. Ein wichtiges Merkmal dieser Regierungsform ist das Recht auf Meinungsfreiheit eines jeden. Soweit es nicht gegen das Gesetz verstößt, darf jeder seine Ansichten bezüglich Politik, Gesellschaft usw. beliebig vertreten und verbreiten.*

a) *Überlege, ob Meinungsfreiheit zu Zeiten Hitlers möglich war, soweit nicht gegen Gesetze verstoßen wird. Begründe.*

_____

_____

_____

_____

_____

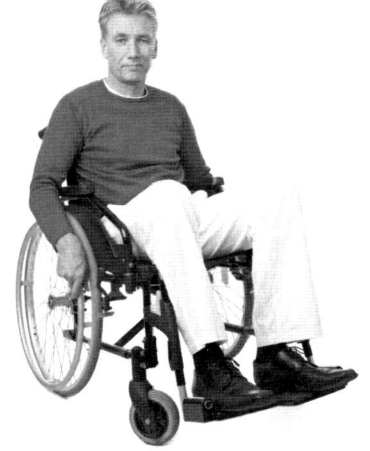

b) *Sieh dir das Foto an.*

Lies dir dann das Schicksal von Jürgen Meier, 48 Jahre, gelähmt, durch.

> Schicksal:
>
> Vor fünf Jahren erlitt Herr Meier einen Verkehrsunfall. Er lag 1 Jahr im Krankenhaus und ist nach drei erfolglosen Operationen arbeitsunfähig und von der Hüfte abwärts gelähmt.

Stell dir nun die Situation von 1933/1934 vor. Wie würde dieser Mann behandelt werden?

_____

_____

_____

c) *Wie stand Hitler zu Behinderungen und unheilbar kranken Menschen?*

_____

_____

DER NaTIONaLSOZIaLISMUS
Die Geschichte einer Katastrophe – Bestell-Nr. 11 317
KOHL VERLAG

EA

Aufgabe 3: *Der Nationalsozialismus verlangte von allen Menschen die gleiche Weltanschauung. Alle sollten rechts denken und auch genauso handeln. Sogar der Richter sollte bei Verhandlungen diese Ansicht vertreten und danach urteilen.*

a) *Welches Rechtssystem besitzen wir heute in Deutschland?*

_____

_____

b) *Vergleiche unser heutiges Rechtssystem mit dem des National-sozialismus und nenne Unterschiede.*

_____

_____

_____

c) *Was meinst du, nach welchen Motiven richtete sich Hitler?*

_____

_____

_____

d) *Erfinde ein Fallbeispiel für das eigenmächtige Verhalten Hitlers.*

_____

_____

_____

_____

_____

_____

DER NaTIONaLSOZIaLISMUS
Die Geschichte einer Katastrophe – Bestell-Nr. 11 317

KOHL VERLAG

ALLE ZEHNJÄHRIGEN IN DIE HJ.

Die Nationalsozialisten versuchten sogleich, nicht nur die erwachsenen Deutschen in ihren Bann zu ziehen, d.h. im Sinne des Nationalsozialismus zu erziehen, sondern auch die Kinder und Jugendlichen. In den Kindergruppen der NS-Freundschaft, in der Schule, besonders aber in der Hitler-Jugend wurden den Kindern und Jugendlichen zukünftig erwartete nationalsozialistische Verhaltensweisen vermittelt: Befehl und Gehorsam, Nationalfanatismus, Tatendrang, Mut, Abenteuerlust, Härte, Durchsetzungsvermögen, Kameradschaft, Ordnungssinn, Verantwortungsbewusstsein ... Es galt der Grundsatz: „Du bist nichts, dein Volk ist alles."

Im Umgang mit Kleinkindern verlangten die Nationalsozialisten z.B., dem Weinen, Schreien und Bitten nicht nachzugeben. Bereits jungen Kindern wurde beigebracht, Juden, Kommunisten und andere Feinde der Deutschen zu hassen sowie Asoziale und Behinderte zu verachten und gegen sie zu hetzen. Das deutsche Volk wurde von den Nationalsozialisten als ein besonderes Volk („Herrenrasse") hingestellt, das anderen überlegen sei und zur Weltherrschaft bestimmt sei. Die körperliche Ertüchtigung wurde von den Nationalsozialisten sehr betont. Demgegenüber wurde der Vermittlung von intellektuellen Erkenntnissen – wenn überhaupt – nur eine geringe Bedeutung beigemessen. Sport hatte in der Schule eindeutig Vorrang vor anderen Fächern. Hitler äußerte, dass die deutsche Jugend „rank und schlank, flink wie Windhunde, zäh wie Leder und hart wie Kruppstahl" sein sollte.

Die bereits im Jahr 1926 gegründete Hitler-Jugend (HJ) versuchte, den gesamten deutschen Nachwuchs zu erfassen. Die Hitler-Jugend, die u.a. am Prinzip „Jugend wird durch Jugend geführt" ausgerichtet war, wurde 1936 von den Nationalsozialisten zur Staatsjugend erklärt. Alle anderen bisher bestehenden Jugendorganisationen wurden aufgelöst bzw. der Hitler-Jugend angegliedert, wobei sie ihre Selbstständigkeit verloren. Für auserlesene Heranwachsende wurden spezielle Schulen eingerichtet, so z.B. die „Adolf-Hitler-Schulen" und die „Nationalpolitischen Erziehungsanstalten" (Napola).

Ab dem Jahr 1939 waren die Eltern gesetzlich gezwungen, ihre 10-jährigen Kinder zur Hitler-Jugend anzumelden. In der Hitler-Jugend waren die 10- bis 14-jährigen Jungen im „Deutschen Jungvolk" (= „Pimpfe) sowie die 14- bis 18-jährigen Jungen in der eigentlichen Hitler-Jugend (HJ) organisiert. Hauptziel dieser Organisationen war es, die Heranwach-

DER NaTIONaLSOZIaLISMUS
Die Geschichte einer Katastrophe – Bestell-Nr. 11 317

KOHL VERLAG

senden militärisch zu erziehen. Mit ihnen wurden Wanderungen, Aufmärsche, Fahrten, Geländespiele, Lagerfeuer, Zeltlager, Heimatabende, Sportveranstaltungen ... durchgeführt.

Die 10- bis 14-jährigen Mädchen gehörten zu den „Jungmädeln", die 14- bis 18-jährigen Mädchen zum „Bund Deutscher Mädel" (BDM). Auch die Mädchen unternahmen Aktivitäten wie Wanderungen, Heimatabende ... Bei den Mädchen lag das Hauptgewicht ebenfalls auf der körperlichen Ausbildung. Zudem wurden sie besonders auf die Rolle der Mutter und Hausfrau vorbereitet.

In der Zeit des 2. Weltkrieges (1939 – 1945) wurden deutsche Kinder und Jugendliche von den Nationalsozialisten vielfältig eingesetzt. So mussten „Pimpfe" z.B. Geldspenden für das „Winterhilfswerk" sowie Kleidungsstücke und sonstige Materialien zur Kriegsverwendung sammeln. Ältere unterstützten u.a. die Feuerwehr, dienten als Luftwaffenhelfer und wurden schließlich zum „Volkssturm" herangezogen, um Deutschland zu verteidigen. Mädchen mussten u.a. in Krankenhäusern, in der Landwirtschaft, bei der Post, bei der Kinderlandverschickung, bei der Luftraumaufklärung helfen.

EA

Aufgabe 1: *Erkläre, was die beiden Bilder neben dem Text darstellen und was sie erreichen sollen.*

🖊

_____

_____

_____

_____

_____

GA

Aufgabe 2: *Erläutert in der Gruppe, wieso man die Kindheit und Jugend im Nationalsozialismus von 1933 bis 1945 als „geraubte Kindheit und Jugend" bezeichnen kann.*

DER NaTIONaLSOZIaLISMUS – Bestell-Nr. 11 317
Die Geschichte einer Katastrophe

KOHL VERLAG

Hitler vor der HJ in Reichenberg am 4.12.1938

„Diese Jugend, die lernt ja nichts anderes als deutsch denken, deutsch handeln, und wenn nun diese Knaben, diese Mädchen mit ihren 10 Jahren in unsere Organisationen hineinkommen und dort nun so oft zum ersten Mal überhaupt eine frische Luft bekommen und fühlen, dann kommen sie vier Jahre später vom Jungvolk in die Hitlerjugend, und dort behalten wir sie wieder vier Jahre, und dann geben wir sie erst recht nicht zurück in die Hände unserer alten Klassen- und Standeserzeuger, sondern dann nehmen wir sie sofort in die Partei oder in die (Deutsche) Arbeitsfront auf, in die SA oder in die SS, in das NSKK und so weiter. Und wenn sie dort zweieinhalb Jahre sind und noch nicht ganze Nationalsozialisten geworden sein sollten, dann kommen sie in den Arbeitsdienst und werden dort wieder sechs oder sieben Monate geschliffen, alle mit einem Symbol: dem deutschen Spaten (Beifall!).

Und was dann nach sechs oder sieben Monaten noch an Klassenbewusstsein oder Standesdünkel noch vorhanden sein sollte, das übernimmt dann die Wehrmacht zur weiteren Behandlung auf zwei Jahre (Beifall!), und wenn sie dann nach zwei oder drei oder vier Jahren zurückkehren, dann nehmen wir sie, damit sie auf keinen Fall rückfällig werden, sofort in die SA, SS und so weiter, und sie werden nicht mehr frei ihr ganzes Leben (Beifall!), und sie sind glücklich dabei."

(Aus: E. Nyssen: Schule im Nationalsozialismus; Heidelberg 1979; S. 31)

Aufgabe 3:   **a)**   *Über wen spricht Hitler in seiner Rede?*

EA

_____

_____

           b)   *NSKK steht als Abkürzung für Nationalsozialistische Kraftfahrerkorps. Was bedeuten die Abkürzungen HJ, SA und SS?*

HJ = _____

SA = _____

SS = _____

Aufgabe 4:   **a)**   *Was sind die wesentlichen Aussagen in dem Auszug aus Hitlers Rede?*

EA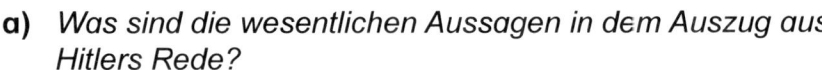

           b)   *Wie beurteilst du das, was Hitler sagt?*

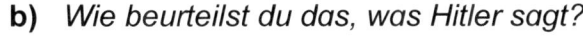

DER NaTIONaLSOZIaLISMUS
Die Geschichte einer Katastrophe   –   Bestell-Nr. 11 317

KOHL VERLAG

Mit unterschiedlichen Maßnahmen gelang es den Nationalsozialisten ab 1933 die Arbeitslosigkeit abzubauen bzw. zu verdecken:

- Reichsarbeitsdienst (ab 1933 verbindlich für junge Leute), allgemeine Wehrpflicht (seit 1935), Landjahr
- Straßen-, Kanal-, Entwässerungsprojekte
- Wohnungsbau, Errichtung von Parteibauten
- Indirekte und direkte Aufrüstungsprogramme (Autobahn-, Kasernenbau, Herstellung von Kriegswaffen)
- Ausschließung von Juden und NS-Gegnern aus dem Arbeitsbereich
- Verdrängung von Frauen aus dem öffentlichen Berufsleben (z.B. in Form der staatlichen Gewährung von Ehestandsdarlehen mit Geburtenvergünstigungen, vor allem aus den verantwortungsrelevanten Positionen, Untersagung des Doppelverdienens im Beamtentum ...

Neu gebaute Autobahn im Jahre 1934

Erst später – unmittelbar vor und während des 2. Weltkrieges – griffen die Nationalsozialisten verstärkt auf den Einsatz von Frauen in der Industrie und in anderen Berufszweigen zurück.

Die Zahl der Arbeitslosen wurde in Deutschland zunehmend geringer:

- Jahr 1933 = 4,8 Mill. Arbeitslose
- Jahr 1937 = 0,9 Mill. Arbeitslose
- Jahr 1935 = 2,1 Mill. Arbeitslose
- Jahr 1939 = 0,1 Mill. Arbeitslose

Im Deutschen Reich herrschte sogar ein fortschreitender Arbeitskräftemangel. Nach einer damaligen Bedarfsfeststellung fehlten in Deutschland im Jahr 1939 ca. 1 Million Arbeitspersonen.

Während mehrere deutsche Großbetriebe und damit auch einflussreiche Unternehmer (z.B. Krupp, Siemens, IG-Farben) im Zeitraum nationalsozialistischer Herrschaft beträchtliche Gewinne erzielten sowie sich führende Nationalsozialisten, die in der Öffentlichkeit den Anspruch erhoben „Gemeinnutz geht vor Eigennutz", ebenfalls bereicherten, verbesserte sich die soziale Lage der deutschen Arbeiter – wenn überhaupt – nur unwesentlich. Die Löhne der Arbeiter waren nur geringfügig höher als in der Zeit der großen Krisenjahre 1932 – 1933. In erster Linie aufgrund der mehr geleisteten Arbeitsstunden erhöhte sich in der Phase 1933 – 1939 wohl allgemein der Lebensstandard der Arbeitnehmer, er blieb insgesamt gesehen jedoch hinter dem Stand des Zeitraumes 1928 – 1930 zurück.

Nach der Zwangsauflösung der Gewerkschaften im Mai 1933 wurde den Arbeitnehmern der Eintritt in die Deutsche Arbeitsfront aufgedrängt, dem auch die Arbeitgeber angehörten. In der Deutschen Arbeitsfront wurden die Mitglieder im nationalsozialistischen Sinne geschult.

Für die arbeitende Bevölkerung bestanden staatlich verordnete Lohnstopps, d.h. die Löhne und auch die Gehälter wurden niedrig gehalten. Zudem war das Recht zum Arbeitsplatzwechsel sehr eingeschränkt. Ab 1938 mussten die Arbeiter bei Bedarf jegliche Form von Arbeit an jedem Ort im Land annehmen.

DER NaTIONaLSOZIaLISMUS – Die Geschichte einer Katastrophe – Bestell-Nr. 11 317

KOHL VERLAG

Die Nationalsozialisten übten aber nicht allein Zwang aus, sondern bedienten sich in der Wirtschaft auch anderer Methoden. Um die Arbeitsmoral des deutschen Volkes zu stärken, wurde 1933 die Organisation „Kraft durch Freude" (KdF) geschaffen, die u.a. preiswerte Ferienreisen und sehr unterschiedliche Kulturaktivitäten (Theater, Konzerte, bunte Abende, Volksfeste ...) durchführte.

Neben der umfassenden Bekämpfung der in Deutschland herrschenden Arbeitslosigkeit war ab 1933 die Förderung der Landwirtschaft ein weiteres Hauptanliegen der nationalsozialistischen Wirtschaftspolitik. Dazu diente das Reichserbhofgesetz. Aufgrund dieses Gesetzes wurden landwirtschaftliche Betriebe mit einer Flächengröße von „mindestens einer Ackernahrung"(= ca. 7,5 Hektar) bis 125 Hektar zu Erbhöfen ernannt, die ungeteilt auf den jeweiligen Anerben (= ältester Sohn) vererbt werden mussten. Nur „Arier" durften als Bauern tätig sein. Die Landwirte durften ihren Besitz weder verkleinern noch verkaufen, ebenfalls war es ihnen nicht erlaubt, die Erbhöfe mit Hypotheken zu belasten. In den folgenden Jahren wurde in Deutschland die landwirtschaftliche Produktion gesteigert, ohne dass das Einkommen der Landwirte entsprechend zunahm. Die deutsche Landwirtschaft schaffte es, die inländische Nahrungsversorgung der Bevölkerung von ca. 75 % im Jahr 1932 auf etwa 81 % im Jahr 1937 zu steigern.

Das Streben nach Autarkie (= Selbstversorgung, d.h. Unabhängigkeit von ausländischer Zufuhr) sowohl in der Landwirtschaft als auch in der Industrie war ein besonderes Ziel der Nationalsozialisten. Dieses Vorhaben war im Grunde unerreichbar, obgleich es im Rahmen des Strebens nach Überwindung der Rohstoffnot in Deutschland u.a. gelang, aus Steinkohle Treibstoff herzustellen und künstliches Gummi (Buna) zu entwickeln.

Im Laufe der Zeit wurde die deutsche Wirtschaft durch die Nationalsozialisten zunehmend auf den Kriegsfall ausgerichtet. Betrugen die Rüstungskosten im Jahr 1932 8,2 % der Ausgaben des Deutschen Reiches, so beliefen sie sich 1938 auf mittlerweile 61 %. 1943 machten die Rüstungsaufwendungen ungefähr 81 % aus.

Zur Finanzierung der enormen Aufrüstungsmaßnahmen dienten dem Staat u.a. sogenannte Mefo-Wechsel (Wechsel = Urkunde auf Zahlung einer bestimmten Geldsumme zu einer späteren Zeit). Ab 1934 wurden Mefo-Wechsel ausgegeben. Mefo war die Abkürzung für Metallurgische Forschungs-GmbH. Diese war eine von der Reichsbank, der Reichswehr und 4 Rüstungskonzernen gegründete Scheinfirma. Firmen, die staatliche Rüstungsaufträge durchführten, wurden nicht aus der Staatskasse bezahlt, sondern erhielten Mefo-Wechsel, deren Laufzeit zunächst auf 5 Jahre begrenzt war, später war die Laufzeit der Mefo-Wechsel nicht mehr begrenzt. Die Mefo-Wechsel konnten zur Barauszahlung bei Banken eingelöst werden. Die Wechsel wurden nach dem Ende der Ablauffrist durch den Staat nur geringfügig abgetragen. Die Wirtschaftsführung des Deutschen Staates spekulierte auf zukünftige Einnahmen und ließ weiter ungedeckte Banknoten ausgeben.

Deutschland verschuldete sich immer mehr, sodass auch aus diesem Grund von den Nationalsozialisten Kriegsvorbereitungen getroffen wurden. Zunächst in noch begrenztem Umfang, später in der Zeit des 2. Weltkrieges galt in der staatlich gelenkten Wirtschaft eindeutig der Grundsatz „Kanonen statt Butter".

Panzerparade im Jahr 1937

DER NaTIONaLSOZIaLISMUS
Die Geschichte einer Katastrophe – Bestell-Nr. 11 317
KOHL VERLAG

EA

__Aufgabe 1:__   *Richtig oder falsch?*
Welche der folgenden 10 Aussagen zum Text „Wirtschaftliche und soziale Entwicklung in Deuschland" stimmen, welche stimmen nicht? Kreuze an, was zutrifft, und verbessere schließlich die falschen Aussagen.

		Wahr:	Falsch:
1.	In Deutschland waren junge Männer und Frauen ab 1935 verpflichtet, Arbeitsdienst zu leisten.	☐	☐
2.	Die Nationalsozialisten ließen u.a. Autobahnen und Kasernen bauen.	☐	☐
3.	1939 gab es in Deutschland immer noch viele Arbeitslose.	☐	☐
4.	Großbetriebe wie z.B. Krupp, Siemens und IG-Farben erzielten in der Zeit des Nationalsozialismus große finanzielle Gewinne.	☐	☐
5.	Während der Herrschaft der Nationalsozialisten bekamen die deutschen Arbeiter viel höhere Löhne als vorher.	☐	☐
6.	Gewerkschaften wurden durch die Nationalsozialisten im Jahr 1933 aufgelöst.	☐	☐
7.	Durch die Nationalsozialisten wurde 1933 die Organisation „Kraft durch Freude" gegründet.	☐	☐
8.	Die Landwirtschaft wurde von den Nationalsozialisten vernachlässigt.	☐	☐
9.	Ziele der nationalsozialistischen Wirtschaftspolitik waren die Selbstversorgung und Unabhängigkeit Deutschlands von ausländischen Einfuhren in der Landwirtschaft und in der Industrie.	☐	☐
10.	Die Wirtschaft wurde durch die Nationalsozialisten zunehmend darauf ausgerichtet, die Ernährung und den Lebensstandard der deutschen Bevölkerung wesentlich zu verbessern.	☐	☐

Verbesserung der falschen Aussagen:

_____

_____

_____

_____

DER NaTIONaLSOZIaLISMUS – Bestell-Nr. 11 317
Die Geschichte einer Katastrophe
KOHL VERLAG

Die deutsche Außenpolitik im Zeitraum 1933 – 1939, die zunehmend durch Hitler bestimmt wurde, lässt sich in zwei Zeitabschnitte unterteilen:

1933-1936: **Herkömmliche Außenpolitik und getarnte Angriffsvorbereitungen unter dem Deckmantel der Korrektur des Versailler Vertrages**

Einerseits gab Hitler in der Öffentlichkeit Friedensbeteuerungen von sich. Er sagte in der Regierungserklärung am 17.5.1933:

„Wir ... haben keinen sehnlicheren Wunsch, als dazu beizutragen, dass die Wunden des Krieges und des Versailler Vertrages endgültig geheilt werden. Die deutsche Regierung wünscht, sich über alle schwierigen Fragen mit den Nationen friedlich auseinanderzusetzen."

Andererseits traf Hitler aber schon Maßnahmen, die im Gegensatz zu den friedlichen Maßnahmen standen. Die in Deutschland bereits während der Weimarer Republik geheimen Wiederaufrüstungsmaßnahmen wurden ab 1933 verstärkt fortgeführt.

<u>Die wesentlichen außenpolitische Ereignisse</u>:

05.05.1933: Deutsche Verlängerung des Berliner Vertrages mit der Sowjetunion

20.07.1933: Reichskonkordat zwischen Deutschland und dem Vatikan (Papst) = friedliche Verständigung mit der katholischen Kirche

14.10.1933/ 19.10.1933: Rückzug Deutschlands von der Genfer Abrüstungskonferenz; anschließend deutscher Austritt aus dem Völkerbund; Vorwand für diese beiden Handlungen: Deutschland sollte erst nach 4-jähriger Übergangszeit militärisch gänzlich gleichberechtigt sein

26.01.1934: Deutsch-polnischer Nichtangriffspakt (auf 10 Jahre befristet)

25.07.1934: Gescheiterter nationalsozialistischer Staatsstreichversuch in Österreich

13.01.1935/ 01.03.1935: Nach 15-jähriger Völkerbundsverwaltung Wiederangliederung des Saarlandes an das Deutsche Reich, nachdem sich über 90 % der saarländischen Bevölkerung für den Anschluss ausgesprochen hatten

16.03.1935: Verkündung der allgemeinen Wehrpflicht in Deutschland sowie des Wiederaufbaus der deutschen Luftwaffe

18.06.1935: Deutsch-britisches Flottenabkommen: Beschränkung der deutschen Flottenstärke (über Wasser) auf 35 % der britischen; Begrenzung der U-Boot-Stärke auf 45 %

07.03.1936: Kündigung des Locarno-Vertrages durch Deutschland: Einmarsch deutscher Truppen in die zuvor entmilitarisierte linksrheinische Zone

DER NaTIONaLSOZIaLISMUS Die Geschichte einer Katastrophe – Bestell-Nr. 11 317

1936-1939: **Vorbereitung und Übergang zur Expansion (= räumliche Ausdehnung)**

Auch wenn Hitler nach außen hin weiterhin vom Frieden sprach, in Wirklichkeit fasste er kriegerische Maßnahmen bereits zeitlich ins Auge.

Hitler in der geheimen Denkschrift zum Vierjahresplan (August 1936):

„I. Die deutsche Armee muss in 4 Jahren einsatzfähig sein.
II. Die deutsche Wirtschaft muss in 4 Jahren kriegsfähig sein."

Am 5.11.1937 fand eine Unterredung Hitlers mit dem deutschen Außenminister von Neurath, dem Kriegsminister vom Blomberg sowie Oberbefehlshabern der deutschen Wehrmacht statt. Von diesem Gespräch fertigte der Oberst Hossbach ein paar Tage später ein Gedächtnisprotokoll an. Aus diesem Protokoll geht hervor, dass Hitler für die Zukunft als erstes Ziel plante, Österreich und die Tschechoslowakei niederzuwerfen und diese Gebiete Deutschland einzuverleiben (gegebenenfalls schon im Jahr 1938).

<u>Chronologie außenpolitischer Geschehnisse:</u>

16.07.1936 bis Spanischer Bürgerkrieg, wobei auf Veranlassung Hitlers die deut-
29.03.1939 sche Legion Condor auf der Seite der Franco-Truppen kämpfte; der Krieg bot der deutschen Wehrmacht Möglichkeiten zur praktischen Erprobung neuer Waffen und Kampfmethoden

25.10.1936: Bildung der „Achse Berlin – Rom": Abstimmung der Expansionsbestrebungen zwischen Deutschland und Italien; Deutschland ⇨ Drang nach Osteuropa, Italien ⇨ Mittelmeerrauminteressen

25.11.1936: Antikominternpakt zwischen Deutschland und Japan; Zielsetzung: Abwehr des Kommunismus; Übereinkunft im geheimen Zusatzabkommen: In den nächsten 5 Jahren sollten beide Staaten keine politischen Verträge mit der Sowjetunion abschließen

06.11.1937: Beitritt Italiens zum Antikominternpakt

12.03.1938: Einmarsch deutscher Truppen in Österreich, das an das Deutsche Reich angeschlossen wurde

29.09.1938/ Münchner Abkommen = Vertrag zwischen Deutschland, Italien,
30.09.1938: Großbritannien und Frankreich; aufgrund des Beschlusses dieser Staaten musste die Tschechoslowakei ihre vorwiegend von Deutschen bewohnten Gebiete (Sudetenland) an Deutschland abtreten

06.12.1938: Deutsch-französische Nichtangriffserklärung

Bestell-Nr. 11 317

DER NaTIONaLSOZIaLISMUS –
Die Geschichte einer Katastrophe

KOHL VERLAG

15.03.1939:	Eindringen deutscher Soldaten in die Tschechoslowakei (= „Zerschlagung der Rest-Tschechei"); Errichtung des Protektorats (= „Schutzgebiet") „Böhmen und Mähren"; die Slowakei wurde ein Satellitenstaat Deutschlands
23.03.1939:	Rückgabe des Memelgebiets durch Litauen an Deutschlands
28.04.1939:	Auf Betreiben Hitlers Kündigung des deutsch-polnischen Nichtangriffpaktes sowie des deutsch-britischen Flottenabkommens
22.05.1939:	„Stahlpakt" zwischen Deutschland und Italien: Vereinbarung von gegenseitiger militärischer Hilfe und wirtschaftlicher Zusammenarbeit während eines späteren Krieges
31.05.1939:	Deutsch-dänischer Nichtangriffsvertrag
07.06.1939:	Nichtangriffsvertrag zwischen Deutschland, Lettland und Estland
23.08.1939:	Deutsch-sowjetischer Nichtangriffsvertrag (= „Hitler-Stalin-Pakt"), Vertragsdauer 10 Jahre; ein geheimes Zusatzprotokoll sah die Aufteilung Osteuropas (vor allem Polen) zwischen Deutschland und der Sowjetunion vor

Unterzeichnung des „Hitler-Stalin-Paktes" am 24.08.1939

EA

Aufgabe 1: *Welche zwei wichtigen Punkte notierte Hitler im August 1936 in der geheimen Denkschrift zum Vierjahresplan?*

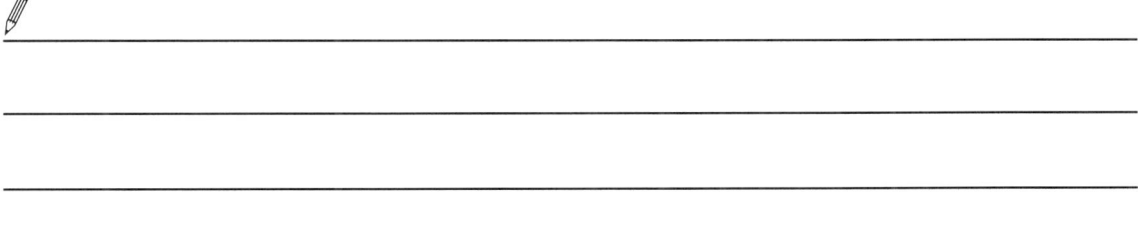

DER NaTIONaLSOZIaLISMUS
Die Geschichte einer Katastrophe – Bestell-Nr. 11 317
KOHL VERLAG

Aufgabe 2:   a)   *Korrektur des Versailler Vertrages – was ist damit gemeint?*

_____

_____

_____

_____

_____

_____

   b)   *Durch welche Ereignisse im Zeitraum von 1933 bis 1936*
        wurde der Versailler Vertrag korrigiert?

_____

_____

_____

_____

_____

Aufgabe 3:   *Wie beurteilst du die deutsche Außenpolitik von 1933 bis 1936?*
              War die deutsche Außenpolitik auf Frieden ausgerichtet? Begründe.

Einmarsch deutscher Truppen
ins Rheinland im Jahre 1936

_____

_____

_____

_____

_____

_____

_____

DER NaTIONaLSOZIaLISMUS
Die Geschichte einer Katastrophe – Bestell-Nr. 11 317

EA

Aufgabe 4: **a)** *Durch die Einverleibung welcher Gebiete wurde Deutschland im Zeitraum Juli 1936 bis August 1939 größer?*

_____

_____

_____

b) *Mit welchen zwei Staaten verbündete sich Deutschland gegen die Sowjetunion?*

_____

c) *Welcher Vertrag, den Deutschland 1939 abschloss, überraschte in der Öffentlichkeit sehr? Warum war dies der Fall?*

_____

_____

_____

_____

_____

EA

Aufgabe 5: *Wie bewertest du insgesamt gesehen die deutsche Außenpolitik in der Zeit von Juli 1936 bis August 1939? Begründe deine Meinung.*

Einmarsch deutscher Truppen ins Sudetenland 1939

_____

_____

_____

_____

_____

_____

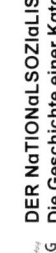

DER NaTIONaLSOZIaLISMUS
Die Geschichte einer Katastrophe – Bestell-Nr. 11 317

KOHL VERLAG

EA

Aufgabe 1: *Setze in die Lücken des Textes die passenden Wörter ein.*

> Alliierten – Blitzsiege – Deutschland – Europa – Frankreich – Gleiwitz –
> Nationalsozialisten – Osten – Polen – Sowjetunion – Tote – Wende

Ausgelöst wurde der Zweite Weltkrieg durch den Angriff Deutschlands auf

_____ am 1.9.1939. Unmittelbar zuvor waren von deutscher Seite

ein polnischer Überfall auf den oberschlesischen Radiosender _____

und weitere Anschläge vorgetäuscht worden. Am 3.9.1939 erklärten Großbritannien und

_____, die vorher in Bezug auf die Unabhängigkeit Polens Garantieerklärun-

gen abgegeben hatten, _____ den Krieg, ohne jedoch die baldige Niederwer-

fung Polens durch deutsche Truppen verhindern zu können.

Grob differenziert lässt sich der Verlauf des Zweiten Weltkrieges, der insgesamt über 50 Millio-

nen _____ forderte, in 6 Zeitabschnitte gliedern:

❶ Beginn des Zweiten Weltkrieges durch Deutschland und deutsche

_____ (September 1939 – Juni 1941)

❷ 1. Halbjahr des deutschen Feldzuges gegen die _____

(Juni 1941 – Dezember 1941)

❸ Ausweitung des zunächst europäischen Krieges zum Weltkrieg, Aufstellung der

_____ zum Kampf gegen die Achsenmächte Deutschland, Italien,

Japan sowie Verbündete (Dezember 1941 – November 1942)

❹ Die (endgültige) _____ des Krieges (November 1942 – Mai 1944)

❺ Die Endphase des Zweiten Weltkrieges in _____

(Juni 1944 – Mai 1945)

Alliierte Truppen in Köln im Jahre 1945

❻ Das Ende des Zweiten Weltkrieges im Fernen

_____ (Mai 1945 – Sep-

tember 1945)

Im Mai 1945 kapitulierte Deutschland gegenüber

den Alliierten bedingungslos. Damit

endete auch die über 12-jährige Herrschaft der

_____ in Deutschland.

DER NaTIONaLSOZIaLISMUS – Die Geschichte einer Katastrophe – Bestell-Nr. 11 317

 KOHL VERLAG

EA

Aufgabe 2: *Die grob eingeteilten 6 Abschnitte werden hier genauer dargestellt. Setze jeweils wieder die passenden Wörter in die Lücken ein.*

a) | Großbritannien – Frankreich – Griechenland – Norwegen – Polen |

17.09.1939 ➜ Sowjetischer Einmarsch in _____

April 1940 ➜ Besetzung Dänemarks und Invasion in _____

10.05.1940 ➜ Angriff auf Belgien, Niederlande, Luxemburg und

_____

August 1940 ➜ Luftschlacht um _____

April 1941 ➜ Angriff auf Jugoslawien und _____

b) | Moskau – Sowjetunion |

22.06.1941 ➜ Überfall auf die _____

Winter 1941 ➜ Ende des Vormarsches vor _____

c) | Afrika – Pearl Harbour – USA |

07.12.1941 ➜ Japanischer Angriff auf _____

11.12.1941 ➜ Deutschland erklärt _____ den Krieg

Juli 1942 ➜ Deutscher Angriff in _____ kommt zum Stehen

d) | Afrika – Luftangriffe – Sizilien – Stalingrad |

Januar 1943 ➜ _____ bei Tag auf deutsche Städte

31.03.1943 ➜ Kapitulation der 6. Armee bei _____

13.05.1943 ➜ Kapitulation der deutschen Truppen in _____

Juli 1943 ➜ Landung der Alliierten auf _____

DER NaTIONaLSOZIaLISMUS
Die Geschichte einer Katastrophe – Bestell-Nr. 11 317

KOHL VERLAG

e)

Berlin – Deutschland – Dresden – Europa – Normandie

06.06.1944 ➜ Eröffnung der zweiten Front in der _____

13./14.02.1945 ➜ Bombardierung von _____

April 1945 ➜ Beginn des Angriffs auf _____

08.05.1945 ➜ Bedingungslose Kapitulation von _____

09.05.1945 ➜ Kriegsende in _____

f)

Hiroshima – Japan – Nagasaki

06.08.1945 ➜ Atombombe auf _____

07.08.1945 ➜ Atombombe auf _____

02.09.1945 ➜ Kriegsende nach Kapitulation von _____

Aufgabe 3: *Das Bild unten zeigt eine Szene während der Landung der Alliierten in der Normandie am 6. Juni 1944. Man blickt aus der Perspektive eines Soldaten auf den Strand. Dort warteten die deutschen Verteidiger auf die Alliierten. Was wird den landenden Soldaten wohl in diesem Moment durch den Kopf gegangen sein? Diskutiert in der Gruppe.*

DER NaTIONaLSOZIaLISMUS – Die Geschichte einer Katastrophe – Bestell-Nr. 11 317

KOHL VERLAG

Judenverfolgung (Antisemitismus)

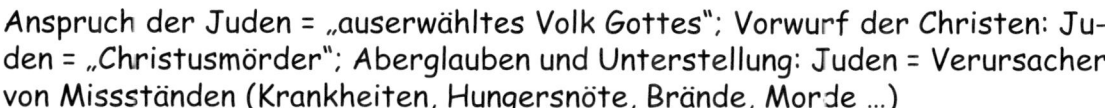

„Antisemitismus" ist ein im Jahr 1879 geprägter Begriff für die Ablehnung und Bekämpfung der Juden. Semiten (abgeleitet von Sem, dem Sohn Noahs) sind aus Arabien stammende, in Vorderasien und Nordafrika sesshafte Völker mit semitischer Sprache.

Ursachen des historischen Judenhasses:

• religiöse Motive:

Anspruch der Juden = „auserwähltes Volk Gottes"; Vorwurf der Christen: Juden = „Christusmörder"; Aberglauben und Unterstellung: Juden = Verursacher von Missständen (Krankheiten, Hungersnöte, Brände, Morde ...)

• wirtschaftliche Motive:

Tätigkeit so mancher Juden vorwiegend im Handel und Geldverkehr (z.B. Viehhändler, Geldverleiher); Konkurrenz zwischen Juden und Nichtjuden in gehobenen Berufspositionen (Ärzte, Juristen, Industrielle ...)

• soziale Motive:

häufig gesonderte Wohnbezirke der Juden ...

Im 19. und Anfang des 20. Jahrhunderts wurde insbesondere durch Graf de Gobineau sowie N.S. Chamberlain die Theorie des „völkischen Antisemitismus" und des „Rassenantisemitismus" entwickelt, an die unter der Führung Hitlers der Nationalsozialismus anknüpfte.

Graf de Gobineau:

Behauptung: Ungleichheit der menschlichen Rassen; absolute Überlegenheit der weißen Rasse, in deren Mitte sich allein die „arische Rasse" rein erhalten habe; Übernahme des Begriffs „arisch" aus der Sprachwissenschaft, zu der man neben der romanischen sowie slawischen auch die germanische und somit gleichfalls die deutsche Sprache rechnete.

N.S. Chamberlain:

Behauptung: „arische Rasse = allein kulturträchtige Rasse"
„arisch = germanisch = deutsch"

Hierauf aufbauend wurden die Juden von den Nationalsozialisten zu „Untermenschen", „Parasiten", „Sündenböcken" usw. abqualifiziert, obwohl sich Juden für Deutschland eingesetzt und um den Staat verdient gemacht hatten (siehe u.a. Nobelpreise und andere Auszeichnungen).

DER NaTIONaLSOZIaLISMUS
Die Geschichte einer Katastrophe – Bestell-Nr. 11 317

KOHL VERLAG

Die Bekämpfung der Juden durch die Nationalsozialisten lässt sich in 4 Zeitabschnitte unterteilen:

1. Phase (1933 – 1935):

Ächtung und langsame Ausschaltung der Juden aus den Bereichen des öffentlichen Lebens:

Verfügung eines Generalboykotts gegenüber allen jüdischen Rechtsanwälten, Ärzten, Geschäften (März/April 1933); Verbrennung der Bücher jüdischer Schriftsteller; Ausschluss der Juden aus dem Reichsverband Deutscher Schriftsteller; Auftrittsverbot für jüdische Künstler, Entlassung eines Teils jüdischer Beamter aus dem Staatsdienst; für Juden Verbot des Benutzens öffentlicher Badeanstalten; erstmals geheime Abtransporte von Juden in Konzentrationslager …

2. Phase (1935 – 1938):

Nürnberger Gesetze („Gesetz zum Schutze des deutschen Blutes und der deutschen Ehre"):

Verbot der Ehe und sonstiger Kontakte zwischen Juden und „Staatsangehörigen deutschen oder artverwandten Blutes"; Beschäftigungsverbot für „Deutsche unter 45 Jahren" im jüdischen Haushalt; für Juden galt die Untersagung des Hissens der deutschen Reichs- und Nationalflagge sowie das Verbot des Zeigens der Reichsfarben; Einführung des „Arierparagraphen" in fast allen Berufszweigen (= Berufsverbot für die Juden); Ausschluss aller Juden aus dem öffentlichen Dienst; Beginn der „Entjudung" der deutschen Wirtschaft im Jahr 1937 (= „Zwangsarisierung"): Juden wurden zu Niedrigpreisen zum Verkauf ihrer Firmen, Geschäfte gezwungen …

3. Phase (1938 – 1941):

Judenpogrome und Beginn der Massendeportationen:

Pogrom (russisch) = Verwüstung, Zertrümmerung
Deportation (lateinisch) = Fortschaffung, Abtransport
Ausübung von Auswanderungsdruck auf die Juden (große Verhaftungsaktion im Juni 1938, Abschiebung von Ostjuden nach Polen im Oktober 1938); vorübergehend war die Deportation von Juden zur damals französischen Insel Madagaskar geplant; „Reichskristallnacht" (November 1938): durch die Nationalsozialisten Zerstörung vieler jüdischer Geschäfte, Büros, Synagogen; Ausschaltung der Juden aus dem Wirtschaftsleben; seit Januar 1939 mussten Jüdinnen den Zunamen „Sarah", Juden den Zunamen „Israel" tragen; die zeitliche und räumliche Bewegungsfreiheit der Juden wurde immer mehr eingeschränkt; Zwangsarbeit für Juden ab Oktober 1939; ab September 1941 wurde für sie in der Öffentlichkeit das Tragen des gelben Judensterns zur Pflicht; im Oktober 1941 wurde für die Juden durch die Nationalsozialisten das Auswanderungsverbot erlassen; bereits im Winter 1939/1940 waren die ersten Judendeportationen in das von Deutschland besetzte Polen erfolgt; im Oktober 1941 begannen die großen jüdischen Massentransporte nach Polen und in den von Deutschland unterworfenen Teil der Sowjetunion.

DER NaTIONaLSOZIaLISMUS
Die Geschichte einer Katastrophe   –   Bestell-Nr. 11 317

4. Phase (1941 – 1945):

Massenvernichtung der Juden:

Im Juli 1941 Anordnung der „Endlösung der Judenfrage" durch Göring; auf der Wannsee-Konferenz (Januar 1942) wurde unter dem Vorsitz von Heydrich die Massenausrottung der Juden strategisch festgelegt.

Laut Schätzungen wurden während der Zeit der nationalsozialistischen Herrschaft in Europa ca. 6 Millionen Juden ermordet, insgesamt war durch die barbarischen Nationalsozialisten die Vernichtung von ungefähr 9 bis 11 Millionen Juden geplant.

Die Tötung der großen Zahl von Juden wird als Holocaust bezeichnet.
Holocaust (englisch) = Massenvernichtung

Verhaftung von Juden nach der Reichskristallnach 1938

EA

Aufgabe 1: *Erkläre, was der Begriff „Antisemitismus" bedeutet.*

DER NaTIONaLSOZIaLISMUS
Die Geschichte einer Katastrophe – Bestell-Nr. 11 317

KOHL VERLAG

13 **Judenverfolgung (Antisemitismus)**

Die vier Zeitabschnitte der Judenbekämpfung durch die Nationalsozialisten

EA

Aufgabe 2: *Beschreibe in vollständigen Sätzen, was auf den folgenden vier Bildern zu sehen ist.*

Phase 1:

_____

_____

_____

_____

_____

_____

_____

_____

_____

Phase 2:

_____

_____

_____

_____

_____

_____

_____

_____

DER NaTIONaLSOZIaLISMUS
Die Geschichte einer Katastrophe – Bestell-Nr. 11 317

KOHL VERLAG

13 Judenverfolgung (Antisemitismus)

Phase 3:

🖉 _____

_____

_____

_____

_____

_____

_____

_____

_____

_____

_____

Phase 4:

🖉 _____

_____

_____

_____

_____

_____

_____

_____

_____

_____

DER NaTIONaLSOZIaLISMUS
Die Geschichte einer Katastrophe – Bestell-Nr. 11 317

KOHL VERLAG

Aufgabe 3: *Welche drei Hauptursachen lassen sich für den <u>historischen</u> Judenhass benennen? Zähle auf und erkläre!*
EA

• _____

_____

_____

• _____

_____

_____

_____

• _____

_____

_____

Aufgabe 4: *Auf welche Behauptung „stützte" sich die Judenverfolgung im Nationalsozialismus?*
EA

_____

_____

_____

Aufgabe 5: *Wieso war es absolut unrecht und vor allem für jüdische Männer beschämend, als „Sündenböcke" und „Parasiten" bezeichnet zu werden?*
EA

_____

_____

_____

_____

_____

DER NaTIONaLSOZIaLISMUS
Die Geschichte einer Katastrophe — Bestell-Nr. 11 317

KOHL VERLAG

„Damals war es Friedrich"
(Zusammenfassung des Romans von Hans Peter Richter; Text von Friedhelm Heitmann)

Friedrich Schneider und Hans Peter Richter werden in einer deutschen Stadt im Jahr 1925 geboren. Sie wachsen in ihren Familien als Einzelkinder im selben Haus auf. Hans Peter wohnt mit seinen Eltern im ersten Stock, Friedrich mit seinem Vater und seiner Mutter im zweiten Stock des Hauses. Das Haus gehört Herrn Resch, einem strengen, mürrischen Mann. Schon als Friedrich noch klein ist, beschimpft ihn Herr Resch als „Judenbengel". Ebenso wie die Familie Richter besitzt die Familie Schneider die deutsche Staatsangehörigkeit. Herr Schneider, Frau Schneider sowie Friedrich Schneider sind jedoch Juden. Sie sind gläubige Juden. So feiern sie jeweils das am Freitagabend beginnende und am Sonnabendabend endende Sabbatfest. Durch die Freundschaft der beiden Kinder lernen sich die Familie Schneider und die Familie Richter näher kennen. Während Herr Schneider als Postbeamter Arbeit hat, ist Herr Richter arbeitslos. Deshalb hat die Familie Richter Geldsorgen. Ein Großvater, der Vater von Hans Peters Mutter, unterstützt die Familie Richter finanziell. Der Großvater, der manchmal zu Besuch kommt, wünscht: Sein Enkel Hans Peter soll nicht mit dem jüdischen Jungen Friedrich verkehren. Doch Hans Peter und seine Eltern halten sich nicht daran. Hans Peter und Friedrich spielen oft zusammen. Beide Kinder werden gleichzeitig im Jahr 1931 eingeschult. Sie besuchen dieselbe Schulklasse und sitzen dort nebeneinander.

Im Jahr 1933 übernehmen in Deutschland die Nationalsozialisten – unter dem Reichskanzler Hitler – die Macht. Die Judenverfolgung beginnt. Juden werden geächtet, jüdische Beschäftigte werden boykottiert. Auf dem Rückweg von der Schule nach Hause sehen Friedrich und Hans Peter am 1.4.1933: Auf dem Namensschild des Hausarztes der Familie Schneider ist in roter Farbe das Wort „Jude" geschrieben worden. Vor einem Schreibwarengeschäft, in dem Friedrich und Hans Peter häufig Schreibhefte gekauft haben, steht breitbeinig ein Mann mit einer Hakenkreuzbinde um seinen linken Oberarm.

In der rechten Hand hält der Mann einen Besenstil, an dem ein Pappschild befestigt ist. Auf dem Pappschild ist zu lesen: „Kauft nicht beim Juden!"

DER NaTIONaLSOZIaLISMUS
Die Geschichte einer Katastrophe – Bestell-Nr. 11 317

KOHL VERLAG

EA

Aufgabe 1: *Ergänze in Stichworten, was zu den genannten Personen gesagt wird.*

Friedrich Schneider	
Hans Peter Richter	
Herr Resch	
Herr Schneider	
Herr Richter	
Hans' Großvater	
National-sozialisten	
Hausarzt der Familie Schneider	
Mann mit Hakenkreuz	

Ich werde mich nie mehr bei der Polizei beschweren.

GA

Aufgabe 2: *Was ist auf dem Bild zu erkennen? Was denkt ihr darüber? Diskutiert in der Gruppe.*

 DER NaTIONaLSOZIaLISMUS Die Geschichte einer Katastrophe – Bestell-Nr. 11 317

KOHL VERLAG

Hans Peter wird Mitglied der nationalsozialistischen Organisation Deutsches Jungvolk. An einem Abend im Jahr 1933 nimmt Hans Peter den interessierten Friedrich zu einer Versammlung der „Pimpfe" mit. Auf der Versammlung hält ein Sonderbeauftragter einen Vortrag über Juden. Er sagt, dass die Juden Verbrecher und Mörder seien. Der Mann beschimpft und beleidigt die Juden in unverschämter Weise. Er bezeichnet die Juden als Gefahr für das deutsche Volk und erklärt sie zu Feinden. Der Nationalsozialist verlangt von Friedrich, dass dieser den Satz wiederholt: „Die Juden sind unser Unglück!" Friedrich ist schockiert und antwortet schließlich: „Die Juden sind – euer Unglück!" Dann verlässt Friedrich schnell den Versammlungsort.

Friedrich und seine Eltern bekommen den zunehmenden Hass auf die Juden zu spüren. Herr Schneider wird von der Post entlassen, da er ein Jude ist. Friedrichs Vater sucht sich einen neuen Arbeitsplatz. Er findet Arbeit in einem jüdischen Kaufhaus, wo er bald Abteilungsleiter wird.

Herr Resch, der seit einem Jahr der Nationalsozialistischen Deutschen Arbeiterpartei (NSDAP) angehört, reicht beim Gericht eine Klage ein. Er will damit erreichen, dass die Familie Schneider aus seinem Haus ausziehen muss. Aber der Richter erkennt die Begründung von Herrn Resch nicht an – die Schneiders seien Juden und müssten deshalb ausziehen. Auf Anraten seines Rechtsanwaltes nimmt Herr Resch seine Klage zurück. Die Familie Schneider darf in ihrer bisherigen Wohnung bleiben.

Im Jahr 1934 muss Friedrich die Schule wechseln. Von nun an hat er eine jüdische Schule zu besuchen und ist nicht mehr mit Hans Peter zusammen in der Klasse. Der Reinmachefrau ist es nicht mehr erlaubt, bei der Familie Schneider sauber zu machen, da sie eine „Deutsche" ist. Aufgrund eines im Jahr 1935 von den Nationalsozialisten beschlossenen Rassengesetzes dürfen deutsche Hausangestellte unter 45 Jahren nicht mehr bei Juden arbeiten.

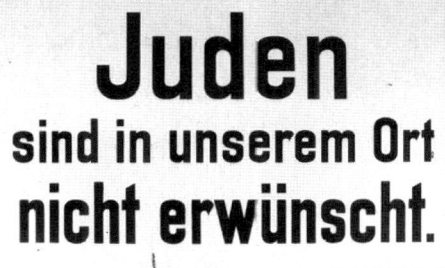

DER NaTIONaLSOZIaLISMUS
Die Geschichte einer Katastrophe – Bestell-Nr. 11 317

14 „Damals war es Friedrich" – ein Roman

Aufgabe 3:

EA

Aufgabe 3: a) Wie erlebt Friedrich den Hass auf die Juden?

- _____
- _____
- _____
- _____

b) Wie bekommt Familie Schneider den Judenhass zu spüren?

- _____
- _____
- _____
- _____

c) Herr Resch zieht seine Klage zurück, weil ...

_____

_____

d) Das 1935 von den Nationalsozialisten beschlossene Rassengesetz besagt, dass deutsche Hausangestellte ...

_____

_____

_____

Aufgabe 4: Was ist auf dem Bild links zu erkennen? Was denkt ihr darüber? Diskutiert in der Gruppe.

DER NATIONaLSOZIaLISMUS
Die Geschichte einer Katastrophe – Bestell-Nr. 11 317

KOHL VERLAG

Hans Peters Vater hat Arbeit gefunden. Er schließt sich der NSDAP an und wird wegen seiner Parteizugehörigkeit befördert. Im vertrauensvollen Gespräch rät Hans Peters Vater Herrn Schneider, Deutschland zu verlassen. Herr Richter hat nämlich auf einer Parteiversammlung erfahren: Die Nationalsozialisten wollen den Juden das Leben in Deutschland noch schwerer machen. Herr Schneider möchte mit seiner Familie jedoch in Deutschland bleiben. Auch alle Verwandte der Familie Schneider leben in Deutschland. Das Leben im Ausland erscheint Herrn Schneider zu ungewiss. Herr Scheider geht davon aus, dass die Nationalsozialisten die Juden in Zukunft in Ruhe lassen.

Friedrichs Eltern und er selbst erleben jedoch die Abneigung gegen die Juden. Im Schwimmbad schreit z.B. der Bademeister: „Ein Jude ist er! Pfui! ..." Damit meint er Friedrich.

Ab dem Jahr 1938 verschärfen und erweitern die Nationalsozialisten die Maßnahmen gegen die Juden erheblich. In der Nacht vom 9. zum 10. November 1938, der „Reichskristallnacht", werden durch Nationalsozialisten und deren fanatische Anhänger in Deutschland viele jüdische Geschäfte, Büros und Synagogen zerstört oder beschädigt. Dabei werden auch Juden ermordet. Wütende Menschen brechen die Wohnungstür der Familie Schneider auf, zertrümmern das Inventar der Wohnung und verletzen Frau Scheider und Friedrich Schneider. Noch in derselben Nacht stirbt Frau Schneider. Herr Schneider muss den gesamten bei der Verwüstung seiner Wohnung entstandenen Schaden selbst bezahlen. Auf Befehl der Nationalsozialisten werden in Deutschland alle jüdischen Geschäfte und Betriebe aufgelöst. Friedrichs Vater verliert seinen Arbeitsplatz. Zusammen mit seinem Sohn Friedrich repariert Herr Schneider in der eigenen Wohnung heimlich Lampen für Bekannte und andere Personen, um etwas Geld zu verdienen, um damit einige Lebensmittel kaufen zu können und nicht noch mehr hungern zu müssen.

Am 1. September 1939 bricht der Zweite Weltkrieg aus. Die Lage für die Juden in Deutschland und in den besetzten Gebieten wird ständig schwieriger und immer lebensbedrohender. Abends und in der Nacht dürfen Juden ihre Wohnung nicht mehr verlassen. Juden werden in Konzentrationslager abtransportiert.

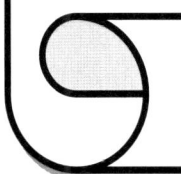

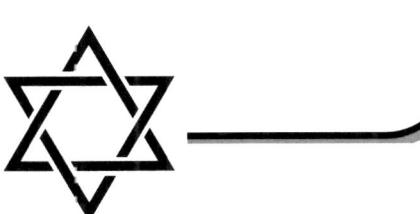
DER NaTIONaLSOZIaLISMUS
Die Geschichte einer Katastrophe – Bestell-Nr. 11 317
KOHL VERLAG

EA

Aufgabe 5: **a)** *Wie ergeht es den beiden Familien? Ergänze mit Stichworten.*

Familie Schneider	
Familie Richter	

b) *Was passiert in der „Reichskristallnacht" vom 9. zum 10. 11.1938?*

_____

_____

_____

c) *Wie ergeht es danach den beiden Familien? Ergänze mit Stichworten.*

Familie Schneider	
Familie Richter	

d) *Was bedeutet der Ausbruch des Zweiten Weltkrieges für die Juden?*

_____

_____

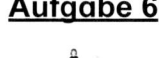

Aufgabe 6: *Was ist auf dem Bild zu erkennen? Was denkt ihr darüber? Diskutiert in der Gruppe.*

DER NaTIONaLSOZIaLISMUS
Die Geschichte einer Katastrophe – Bestell-Nr. 11 317

KOHL VERLAG
Lernen mit Erfolg

Trotz alledem ist die Beziehung zwischen Friedrich und Hans Peter nicht abgebrochen. Friedrich und Hans Peter treffen sich manchmal auch außerhalb ihrer Wohnungen. Bei einer Begegnung der beiden Jungen erzählt Friedrich, dass er sich in das nicht-jüdische deutsche Mädchen Helga verliebt hat. Friedrich hat sich mit dem Mädchen, das ihn auch mag, an einem Sonntag im Stadtgarten getroffen. Zum nächsten mit Helga vereinbarten Treffen ist Friedrich jedoch nicht gegangen. Er befürchtet, dass Helga Probleme bekommt und in ein Lager muss, wenn sie mit ihm, einem Juden, zusammen gesehen wird.

Eines Abends im Jahr 1941 klingelt Hans Peter an der Wohnungstür der Familie Schneider, um ihnen auf Wunsch seiner Mutter einen kleinen Korb Kartoffeln zu schenken. Hans Peter wird nach einiger Zeit von Herrn Schneider in die Wohnung hereingelassen und entdeckt, dass Herr Schneider und Friedrich Schneider in ihre Wohnung einen bekannten Rabbiner (= ein jüdischer Geistlicher) aufgenommen haben, der von den Nationalsozialisten gesucht wird. Hans Peter verrät den Rabbiner nicht. Doch irgendwie, wahrscheinlich durch Herrn Resch, erfährt die Geheime Staatspolizei, wo sich der Rabbiner aufhält. Der Rabbiner und Herr Schneider werden eines späten Abends von mehreren brutalen NS-Männern aus der Wohnung mit Handschellen abgeführt. Friedrich ist nicht dabei. Er ist an diesem Abend nicht zu Hause, sondern hält sich bei Bekannten auf. Als Friedrich am nächsten Tag wieder in seine Wohnung kommt, bemerkt er Herrn Resch, der gerade die Wohnung ausplündert. Friedrich bespuckt Herrn Resch, beschimpft ihn als „Fledderer" und läuft weg. Friedrich taucht in einem geheimen Versteck unter, wo er im Schmutz lebt und kaum etwas zu essen hat.

Erst im Jahr 1942 lässt sich Friedrich wieder bei der Familie Richter sehen. In stark verschmutzter Kleidung, ohne Hemd und ausgehungert klopft Friedrich an der Wohnungstür der Familie Richter. Friedrich bekommt zu essen. Er bittet das Ehepaar Richter um ein Foto, auf dem seine Eltern zu sehen sind. Friedrich wäscht sich gerade im Badezimmer, da beginnen plötzlich die Sirenen zu heulen. Es ist Fliegeralarm, feindliche Flugzeuge befinden sich im Anflug. Herr Richter, Frau Richter und Hans Peter Richter eilen in den Luftschutzkeller. Sie lassen Friedrich in der Wohnung zurück. Hans Peters Vater hat Angst, dass Herr

DER NaTIONaLSOZIaLISMUS
Die Geschichte einer Katastrophe – Bestell-Nr. 11 317

 KOHL VERLAG

Resch, der Luftschutzwart, dafür sorgt, dass sie ins Zuchthaus kommen, wenn sie Friedrich in den Luftschutzraum mitnehmen.

Unter der Aufsicht von Herrn Resch setzt sich die Familie Richter im Luftschutzkeller an der vorgesehenen Stelle hin. Weitere Menschen haben in dem Raum bereits Platz genommen. Bombeneinschläge sind zu hören. Im Keller dröhnt es. Jemand wimmert vor Angst und fleht, die Tür zum Luftschutzkeller zu öffnen. Herr Resch macht die Stahltür des Luftschutzraumes auf. In panischer Angst kriecht Friedrich in den Luftschutzraum und möchte dort bleiben. Doch Herr Resch weist Friedrich aus dem Raum. Herr Resch droht einem sich im Luftschutzraum aufhaltenden deutschen Soldaten, der sich für Friedrich einsetzt, mit einer Anzeige. Schließlich widersetzt sich niemand der Anordnung von Herrn Resch. Friedrich muss den Luftschutzkeller verlassen.

Die Insassen des Luftschutzkellers überstehen den gewaltigen Luftangriff. Nach Ende des Luftangriffes geht das Ehepaar Resch zusammen mit der Familie Richter nach Hause. Vor dem Haus von Herrn Resch ist die Straße von einer Bombe aufgerissen worden. Das Hausdach ist teilweise abgedeckt, in den Fenstern des Hauses gibt es kein Glas mehr. Im Hauseingang sitzt mit bleichem Gesicht Friedrich. Herr Resch fordert Friedrich auf zu verschwinden und tritt mit einem Fuß nach ihm. Doch Friedrich lebt nicht mehr. Durch den Fußtritt von Herrn Resch fällt Friedrich auf den Weg. Von Friedrichs rechter Schläfe bis zu seinem Kragen läuft Blut.

DER NaTIONaLSOZIaLISMUS
Die Geschichte einer Katastrophe – Bestell-Nr. 11 317

KOHL VERLAG

EA

Aufgabe 7: *Die folgenden Aussagen haben für die betroffenen Personen Konsequenzen – welche?*

a) Friedrich verliebt sich in die nicht-jüdische Helga.

_____

_____

b) Familie Schneider hat einen Rabbiner in ihrer Wohnung aufgenommen.

_____

_____

c) Friedrich beschimpft Herrn Resch.

_____

_____

d) Friedrich wird doch noch in den Luftschutzkeller gelassen.

_____

_____

EA

Aufgabe 8: *Herr Resch hat in diesem Text eine besondere Bedeutung.*

a) Welche Aufgaben hat Herr Resch? Wie verhält er sich? Ergänze in Stichworten.

Herr Resch: _____

_____

b) Was meinst du: Warum verhält sich Herr Resch so?

_____

_____

EA

Aufgabe 9: *Was vermutest du, wodurch Friedrich wohl gestorben ist?*

_____

_____

DER NaTIONaLSOZIaLISMUS
Die Geschichte einer Katastrophe – Bestell-Nr. 11 317

KOHL VERLAG

EA

<u>Aufgabe 10</u>: *Mit der Vier-Ecken-Methode werden die Ereignisse dieser Zeit zusammengefasst.*

a) *In den 4 Ecken des Klassenraumes liegen Flippapiere mit einem Stichwort aus. Ergänzt mit Stichwörtern, was du aus dem Text „Damals war es Friedrich" über diese Zeit erfahren hast.*

Nationalsozialisten	**Judenverfolgung**
Reichskristallnacht	**Friedrich Schneider**

b) *Hängt die Ergebnisse nebeneinander aus. Lest und diskutiert bei Bedarf.*

DER NaTIONaLSOZIaLISMUS — Bestell-Nr. 11 317
Die Geschichte einer Katastrophe

KOHL VERLAG

Der Nationalsozialismus wurde von großen Teilen der deutschen Bevölkerung hingenommen bzw. sogar gutgeheißen. Es gab jedoch auch Widerstand – und zwar unterschiedlicher Art. Dieser reichte vom Aufnehmen und Verstecken der NS-Verfolgten über die Verteilung von Flugblättern, die gegen den Nationalsozialismus gerichtet waren, bis hin zu Sabotageakten und Attentaten.

In Deutschland bestand keine umfassende oppositionelle Bewegung, sondern es existierten sehr unterschiedliche Widerstandsgruppierungen. Gemeinsam hatten sie das Ziel, den Nationalsozialismus zu bekämpfen, im Weiteren wichen die politischen Vorstellungen der Gruppen voneinander ab. Während z.B. dem Widerstandskreis um den ehemaligen Leipziger Oberbürgermeister Goerdeler nach Beseitigung der nationalsozialistischen Herrschaft ein national-konservatives Deutschland als erstrebenswert erschien, beabsichtigte der kommunistische Widerstand in Deutschland die Verwirklichung einer Staatsform nach sowjetischem Vorbild.

Insgesamt gesehen fand der deutsche Widerstand durch die Alliierten kaum Beachtung. Die Alliierten unterstützten fast alle deutschen Widerstandsgruppierungen nicht, geschweige denn das sie mit ihnen zusammenarbeiteten.

Herausragende deutsche Widerstandsgruppierungen:

- Kommunistischer Widerstand: „Die Rote Kapelle" (Schulze-Boysen, Harnack ...)

- Sozialdemokratischer und gewerkschaftlicher Widerstand: die Gruppe „Neu Beginnen" (Zusammenarbeit mit den Kommunisten)

- Kirchlicher Widerstand: „Der Pfarrer-Notbund" (Niemöller ...), „Die Bekennende Kirche" (Bonhoeffer ...)

- Jugendlicher Widerstand: „Die Edelweißpiraten" ...

- Studentischer Widerstand: „Die weiße Rose" (Geschwister Scholl ...)

- Bürgerlicher Widerstand: „Der Kreisauer Kreis" (von Moltke ...), „Der Goerdeler Kreis"

- Militärischer Widerstand: Beck, von Stauffenberg ...

Auf Hitler gab es über 40 Attentatsversuche. Am 20.7.1944 verübte der Generalstabsoffizier von Stauffenberg im Führerhauptquartier „Wolfsschanze" in Ostpreußen ein Bombenattentat auf Hitler. Ebenso wie frühere Anschläge auf Hitler, die von verschiedenen Personen durchgeführt worden waren, misslang auch dieser Versuch der Tötung Hitlers. Die Nationalsozialisten unter der Führung Hitlers nahmen an den Verschwörern des 20. Juli und anderen Widerstandsgruppen, die mit ihnen in Kontakt standen, blutige Rache. In diesem Zusammenhang wurden nach dem 20.7.1944 in Deutschland ca. 5000 Personen verhaftet und ungefähr 200 Menschen hingerichtet. Von Stauffenberg wurde noch am 20. Juli 1944 standrechtlich erschossen.

DER NaTIONaLSOZIaLISMUS
Die Geschichte einer Katastrophe – Bestell-Nr. 11 317
KOHL VERLAG

15 Widerstand gegen die nationalsozialistische Herrschaft

Das Ende der NS-Diktatur erlebten in Deutschland nur relativ wenige führende Mitglieder der deutschen Widerstandsgruppierungen.

Auch in den von Deutschland während des Zweiten Weltkrieges besetzten Gebieten wurde seitens der dortigen Bevölkerung organisierter Widerstand gegen die Besatzungsherrschaft geleistet, z.B. in Frankreich durch die „Resistance", in Polen durch die „Armia Krajowa", in der Sowjetunion und Jugoslawien durch die „Partisanen". Der Widerstand in den besetzten Gebieten wurde von deutscher Seite des Öfteren mit barbarischen Vergeltungsaktionen beantwortet: z.B. Massenmorde und Zerstörung des tschechischen Dorfes Lidice (1942) sowie des französischen Ortes Oradour-aur-Glane" (1944), Vernichtung des Warschauer Ghettos (1943) und der Stadt Warschau (1944).

Aufgabe 1: *Beantworte die folgenden Fragen in vollständigen Sätzen.*

EA

a) Nenne verschiedene Aktionen von deutschen Widerstandskämpfern gegen die Herrschaft der Nationalsozialisten.

_____

_____

b) Wie war der deutsche Widerstand organisiert.

_____

_____

c) Wie verhielten sich die Alliierten gegenüber den deutschen Widerstandskämpfern?

_____

_____

d) Was geschah am 20. Juli 1944?

_____

_____

e) Was machten die Nationalsozialisten mit vielen Widerstandskämpfern?

_____

DER NaTIONaLSOZIaLISMUS — Die Geschichte einer Katastrophe — Bestell-Nr. 11 317

KOHL VERLAG

Annemarie Gerken wurde im Jahr 1918 in dem in der Nähe der Kleinstadt Bremervörde gelegenen Dorf Iselersheim geboren. Nach dem Besuch der Volksschule arbeitete sie in verschiedenen Orten als Haushaltsgehilfin. Im Oktober 1939 bekam die junge Frau eine Anstellung in dem Ortsteil Badenhorst des Dorfes Elsdorf. Gern vergnügte sich Annemarie Gerken bei Tanzveranstaltungen. Dort machte sie die Bekanntschaft mit einem jungen Mann aus Zeven, mit dem sie sich schon bald verlobte.

Auf dem Bauernhof in Badenhorst lernte Annemarie Gerken einen 30-jährigen zweifachen Familienvater aus Polen kennen, nämlich Stephan Szablewski. Dieser musste Zwangsarbeit auf dem Bauernhof in Badenhorst verrichten. Die junge Frau aus Deutschland und der polnische Mann mochten sich, sie gingen mit ihrer Zuneigung sorglos um und verliebten sich ineinander.

Dies war jedoch durch die Nationalsozialisten strengstens untersagt. Nicht einmal beim Essen durften Deutsche und polnische Arbeitskräfte an einem Tisch sitzen. Von den Nationalsozialisten gab es ein Merkblatt, in dem es lautete: Wer sich als Deutsche(r) mit einem Polen einlasse, begehe eine Schandtat („Rassenschande") und verliere die Ehre. Die Nationalsozialisten ließen den Polen wissen: Wer mit einer deutschen Frau bzw. einem deutschen Mann geschlechtlichen Kontakt habe oder sich ihnen auf andere Weise unsittlich nähere, der werde mit dem Tod bestraft.

Annemarie Gerken und Stephan Szablewski ließen diese Dinge außer Acht. Die junge Frau teilte ihrem Verlobten sowie ihren Eltern ohne weiteres mit, sie erwarte von dem Polen Stephan Szablewski ein Kind. Augenscheinlich glaubte Annemarie Gerken, die Affäre habe keine weiteren Folgen, es werde schon nichts geschehen. Zunächst schien auch alles gut zu gehen.

Im Oktober 1940 hatte Annemarie den Bauernhof in Badenhorst verlassen und musste bei einem Friseur in Bremervörde arbeiten. Sieben Wochen vor der Geburt ihres Kindes kam Annemarie zurück zu ihrer Familie nach Iselersheim. Anfang Mai 1941 brachte die Frau im Krankenhaus von Bremervörde einen Sohn zur Welt.

Inzwischen war jedoch Folgendes passiert: Im Februar 1941 hatten Mitglieder der Geheimen Staatspolizei (Gestapo) Stephan Szablewski von Badenhorst ins Gerichtsgefängnis Bremerhaven-Lehe gebracht. Dort wurde Stephan Szablewski Ende Juli 1941 wieder abgeholt und zurück nach Badenhorst gefahren. Ein Tischler aus der Umgebung hatte vorher den Auftrag bekommen, nahe des Bauernhofes, wo Annemarie Gerken sowie Stephan Szablewski gearbeitet hatten, ein Gerüst für eine

DER NaTIONaLSOZIaLISMUS
Die Geschichte einer Katastrophe – Bestell-Nr. 11 317
KOHL VERLAG

Hinrichtung zu bauen. Nach seiner Rückkehr nach Badenhorst wurde Stephan Szablewski zum Schafott geführt. In Gegenwart von etwa 600 polnischen Zwangsarbeitern, die extra hertransportiert worden waren, sowie in Anwesenheit von führenden Nationalsozialisten aus dem Umkreis wurde Stephan Szablewski hingerichtet. Die Erhängung musste ein weiterer Pole durchführen, der ebenfalls eine Beziehung zu einer Deutschen gehabt hatte – und zwar zur Tochter seines Arbeitgebers. Dieser Pole wurde gezwungen, den Leichnam von Stephan Szablewski in die Kleinstadt Rotenburg/Wümme zu begleiten. Hier wurde der Pole selbst erhängt.

Zwei Wochen vor der Ermordung von Stephan Szablewski musste Annemarie Gerken die Arbeit in der Meeresmunitionsanstalt (Muna) in Zeven-Aspe aufnehmen. Gestapo-Männer verhafteten zwei Tage nach Stephan Szablewskis Tod Annemarie Gerken und führten sie dem Gefängnis in Bremerhaven-Lehe zu. Hier wurde die Frau der Straftat des Verkehrs mit einem Polen angeklagt. Von Bremerhaven kam Annemarie Gerken Anfang September 1941 in das Polizeigefängnis nach Bremen, von dort aus wahrscheinlich direkt in das Frauen-Konzentrationslager Ravensbrück. Im März 1943 erhielten Annemarie Gerkens Eltern eine Nachricht aus dem in Polen gelegenen Konzentrationslager Auschwitz: Ihre Tochter sei aufgrund einer Lungenentzündung verstorben. Die Urne, in der sich angeblich die Asche von Annemarie Gerkens Leichnam befand, wurde am Friedhofsrand in Iselersheim eingegraben. Die Eltern gaben eine Todesanzeige in der Bremervörder Zeitung auf, in der es hieß: „Was Gott tut, das ist wohlgetan. Nach Gottes unerforschlichem Ratschluss verstarb am 5. des Monats nach kurzer, schwerer Krankheit im 25. Lebensjahr fern der Heimat unsere liebe Tochter Annemarie. K. Gerken und Frau."

Übrigens: Annemarie Gerkens und Stephan Szablewskis Sohn überlebte den Zweiten Weltkrieg und wanderte später in die USA aus.

(Text von Friedhelm Heitmann nach einem Artikel in der Zevener Zeitung vom 4.1.2006)

Aufgabe 1: *Beantworte die folgenden Fragen in vollständigen Sätzen.*
Schreibe auf die Blattrückseite oder in dein Heft/in deine Ordner.

EA

a) Was zeigt die Geschichte „Das Schicksal von Annemarie Gerken und Stephan Szablewski" auf? Warum wurde die Geschichte für den Unterricht ausgewählt?

b) Was empfindest und denkst du nach dem Lesen dieser Geschichte?

c) Was meinst du – gab es solche „Fälle" häufig?

DER NaTIONaLSOZIaLISMUS
Die Geschichte einer Katastrophe – Bestell-Nr. 11 317

Aufgabe 1: *Finde die gesuchten Begriffe und trage sie in das Kreuzworträtsel auf der nächsten Seite ein. Die Buchstaben in den grauen Kästchen ergeben ein Lösungswort.*

1	=	Symbol des Nationalsozialismus
2	=	Begriff für „auf eine einheitliche Linie bringen"
3	=	Bedeutung des Begriffs KZ
4	=	Jugendorganisation der Nationalsozialisten
5	=	heutiger Anhänger des Nationalsozialismus
6	=	Gesetz, das der Reichsregierung ermöglichte, Gesetze zu beschließen
7	=	Partei der Nationalsozialisten (Abkürzung)
8	=	Fremdwort für die Massenvernichtung der Juden
9	=	Fremdwort für Judenhass
10	=	Land, das von Deutschland am 1.9.1939 überfallen wurde
11	=	Arbeit, die besonders Gefangene während der nationalsozialistischen Herrschaft machen mussten
12	=	Gegenteil von Demokratie
13	=	Hitler schrieb das Buch „Mein … "
14	=	Hitler war im 1. Weltkrieg …
15	=	Land, in das im März 1938 deutsche Soldaten einmarschierten
16	=	berüchtigtes KZ der Nationalsozialisten in Polen
17	=	erbitterte Gegner der Nationalsozialisten
18	=	Begriff für einen politischen Umsturz(versuch)
19	=	SS bedeutet …

DER NaTIONaLSOZIaLISMUS
Die Geschichte einer Katastrophe   –   Bestell-Nr. 11 317

KOHL VERLAG

Ä = Ä
Ö = Ö

1 =
2 =
3 =
4 =
5 =
6 =
7 =
8 =
9 =
10 =
11 =
12 =
13 =
14 =
15 =
16 =
17 =
18 =
19 =

DER NaTIONaLSOZIaLISMUS
Die Geschichte einer Katastrophe — Bestell-Nr. 11 317

KOHL VERLAG

18 Zeitleiste zum Nationalsozialismus

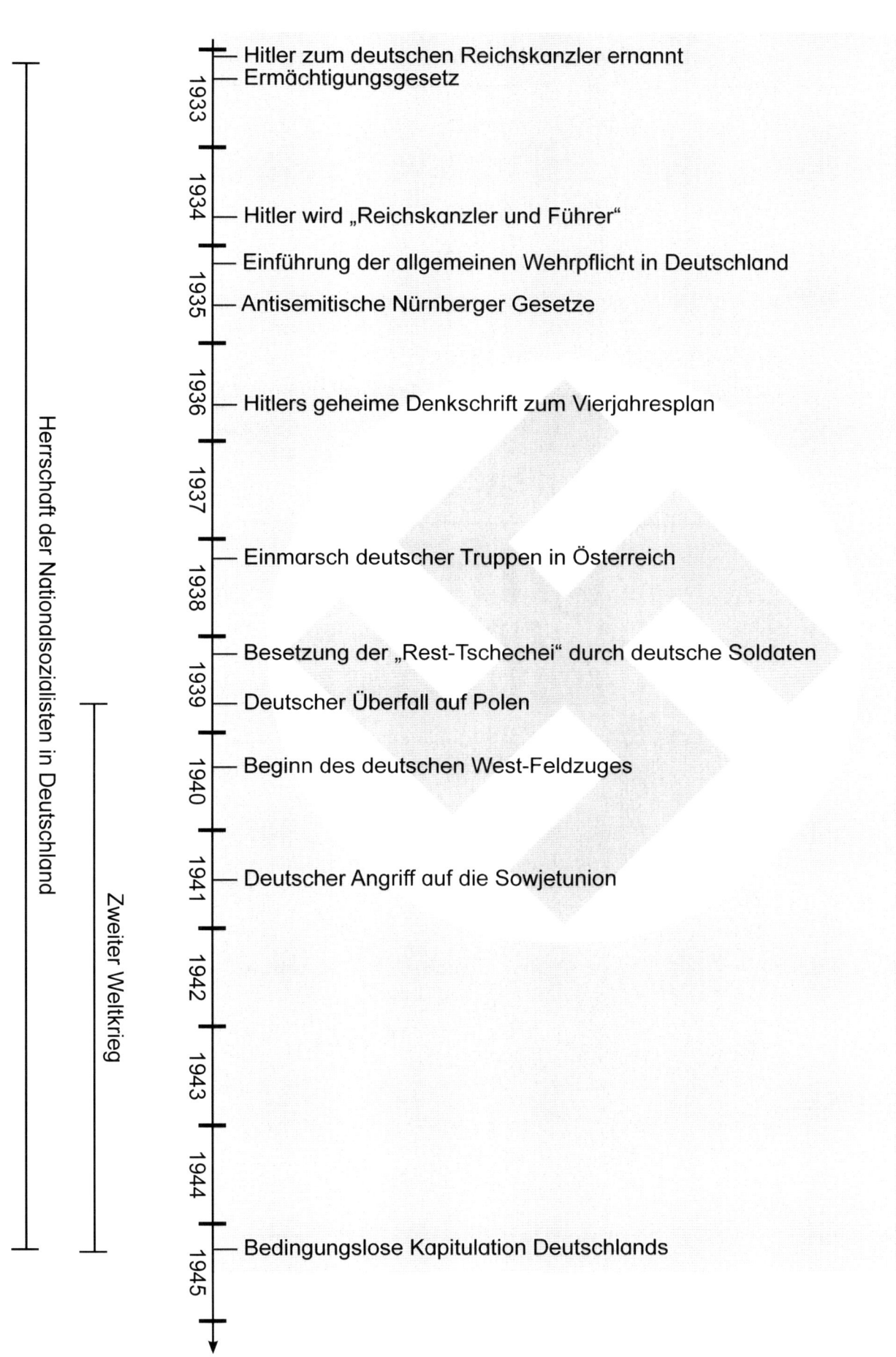

1933
— Hitler zum deutschen Reichskanzler ernannt
— Ermächtigungsgesetz

1934
— Hitler wird „Reichskanzler und Führer"

1935
— Einführung der allgemeinen Wehrpflicht in Deutschland
— Antisemitische Nürnberger Gesetze

1936
— Hitlers geheime Denkschrift zum Vierjahresplan

1937

1938
— Einmarsch deutscher Truppen in Österreich

1939
— Besetzung der „Rest-Tschechei" durch deutsche Soldaten
— Deutscher Überfall auf Polen

1940
— Beginn des deutschen West-Feldzuges

1941
— Deutscher Angriff auf die Sowjetunion

1942

1943

1944

1945
— Bedingungslose Kapitulation Deutschlands

Herrschaft der Nationalsozialisten in Deutschland

Zweiter Weltkrieg

DER NaTIONaLSOZIaLISMUS
Die Geschichte einer Katastrophe — Bestell-Nr. 11 317
KOHL VERLAG

Aufsatz

Was weißt du über den Nationalsozialismus?

- Schreibe einen Aufsatz über den Nationalsozialismus! Der Aufsatz soll eine Länge von mindestens vier Seiten haben und in Einleitung, Hauptteil und Schluss gegliedert sein.

- Du kannst die Einleitung z.B. damit beginnen, dass du schreibst, von wann bis wann die Nationalsozialisten in Deutschland herrschten. Auch ist es möglich, (kurz) die Namen einiger damaliger Anführer der Nationalsozialisten zu nennen.

- Im Hauptteil solltest du vor allem darauf eingehen: Welche Ziele hatten die Nationalsozialisten? Welche Gegner hatten die Nationalsozialisten? Wen bekämpften sie besonders? Wie verlief die nationalsozialistische Herrschaft?

- Im Schluss(teil) kannst du anführen, wie die nationalsozialistische Herrschaft in Deutschland endete. Schließlich ist es möglich zu erwähnen: Noch heute gibt es Anhänger des Nationalsozialismus („Nazis", „Neonazis" ...).

Informiere dich notfalls in einer Bücherhalle in Büchern (u.a. in Lexika) oder im Internet über den Nationalsozialismus.

Erörterung

Verfasse eine kontroverse Erörterung zum Thema: „Die deutschen Bürger hatten keine Ahnung vom Massenmord an den Juden in den Konzentrationslagern".

DER NaTIONaLSOZIaLISMUS
Die Geschichte einer Katastrophe – Bestell-Nr. 11 317

KOHL VERLAG

Nationalsozialismus – ein Wissenstest

1. *Was versuchten die Nationalsozialisten im Jahr 1923?*

   _____

   _____

   (1 Pkt.)

2. *Welche Bevölkerungsteile wählten Anfang der dreißiger Jahre vor allem die NSDAP?*

   _____

   _____

   (3 Pkt.)

3. *Nenne 4 Bestandteile der nationalsozialistischen Weltanschauung:*

   _____

   _____

   _____

   _____

   _____

   (4 Pkt.)

4. *Auf welche Weise wurde Hitler am 30.1.1933 deutscher Reichskanzler?*

   _____

   _____

   _____

   (1 Pkt.)

5. *Wie nutzten die Nationalsozialisten 1933 den Reichstagsbrand aus?*

   _____

   _____

   _____

   (1 Pkt.)

DER NaTIONaLSOZIaLISMUS Die Geschichte einer Katastrophe – Bestell-Nr. 11 317

KOHL VERLAG

20 Nationalsozialismus – ein Wissenstest

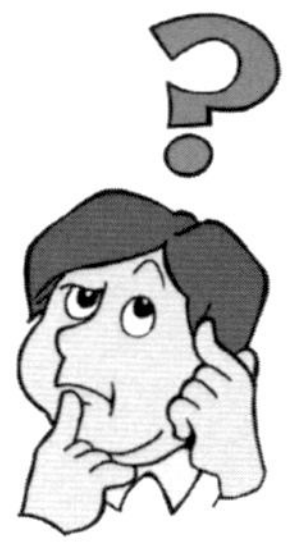

6. *Was besagte das Ermächtigungsgesetz?*

(1 Pkt.)

7. *Gleichschaltung – was ist damit gemeint?*

(1 Pkt.)

8. *Welche 3 Gewalten übte Hitler ab Mitte 1934 aus?*

(3 Pkt.)

9. *Was erwarteten Hitler und andere Nationalsozialisten von der deutschen Jugend?*

(2 Pkt.)

10. *Warum kann man die Kindheit und Jugend im Nationalsozialismus als „geraubte Kindheit und Jugend" bezeichnen?*

(2 Pkt.)

DER NaTIONaLSOZIaLISMUS
Die Geschichte einer Katastrophe – Bestell-Nr. 11 317
KOHL VERLAG

11. *Was bedeuten diese Abkürzungen?*

HJ _____

BDM _____

SA _____

SS _____

KZ _____

Gestapo _____

DAF _____

KdF _____

(8 Pkt.)

12. *Notiere 3 Maßnahmen, mit denen die Nationalsozialisten die Arbeitslosigkeit in Deutschland beseitigten bzw. verdeckten:*

_____

_____

_____

_____

_____

(3 Pkt.)

13. *Erwähne 2 wesentliche Zielsetzungen der nationalsozialistischen Wirtschaftspolitik:*

_____

_____

(2 Pkt.)

14. *Was schrieb Hitler 1936 in der geheimen Denkschrift zum Vierjahresplan?*

_____

_____

(2 Pkt.)

DER NaTIONaLSOZIaLISMUS
Die Geschichte einer Katastrophe — Bestell-Nr. 11 317

KOHL VERLAG

20 Nationalsozialismus – ein Wissenstest

15. *In welche 2 Abschnitte lässt sich die nationalsozialistische Außenpolitik von 1933 – 1936 unterteilen?*

____

____

(2 Pkt.)

16. *Mit welchen 2 Staaten schloss Deutschland 1936/1937 den Antikominternpakt?*

____

(2 Pkt.)

17. *Womit begann der Zweite Weltkrieg?*

____

____

(1 Pkt.)

18. *Welche 4 Phasen der Judenverfolgung durch die Nationalsozialisten lassen sich unterscheiden?*

____

____

____

____

(4 Pkt.)

19. *Wie war der Widerstand gegen die Nationalsozialisten in Deutschland organisiert?*

____

____

____

(4 Pkt.)

20. *Was geschah am 20.07.1944?*

____

____

(3 Pkt.)

(insgesamt 50 Punkte erreichbar)

KOHL VERLAG DER NaTIONaLSOZIaLISMUS Die Geschichte einer Katastrophe – Bestell-Nr. 11 317

1 Hitlers Lebensgeschichte – ein Textpuzzle

1. <u>Richtige Reihenfolge</u> *(von oben nach unten)*: ⑨ ⑫ ⑩ ③ ② ⑤ ⑧ ⑪ ① ④ ⑦ ⑥

2 Nationalsozialismus von 1919 bis 1933

1. **1.** richtig **2.** falsch **3.** falsch **4.** richtig **5.** falsch **6.** richtig **7.** falsch **8.** richtig **9.** richtig **10.** falsch

   <u>Verbesserung der falschen Aussagen</u>: **2.** Der Hitler-Putsch fand im Jahr 1923 in München statt. **3.** Die Verantwortlichen des Hitler-Putsches wurden gerichtlich gering bestraft oder sogar freigesprochen. **5.** Im Jahr 1925 wurde die NSDAP neu gegründet. **7.** Erstmals in Deutschland wurde ein Nationalsozialist in Thüringen Landesminister. **10.** Die NSDAP konnte nicht allein regieren, da sie im Reichstag nicht die absolute Mehrheit hatte.

3 Wähler und Mitglieder der NSDAP

1. <u>In dieser Reihenfolge</u>: Mann, Bevölkerungsteile, Mittelstand, Stadt, Katholiken, Wirtschaftskrise, Sozialdemokratische Partei Deutschlands (SPD), Industrielle, Soldaten, Mitglieder

2. **a)** So manche Menschen sehnten sich nach einem starken Mann, der die Probleme löst und Perspektiven aufzeigt.
   b) Der Mittelstand sah hauptsächlich aufgrund der Inflation seine Existenz bedroht.
   c) Zahlreiche Bauern in Norddeutschland, besonders die hochverschuldeten, stimmten schon frühzeitig für die NSDAP.
   d) Die NSDAP bekam viel mehr Stimmen in protestantischen als in katholischen Gebieten.
   e) Die meisten (arbeitslosen) Arbeiter wählten eher die Kommunistische Partei (KFD) oder die Sozialdemokratische Partei Deutschlands (SPD).
   f) Ab 1930 entschieden sich vermehrt Industrielle bei den Wahlen für die NSDAP, da die Nationalsozialisten nicht mehr an den zunächst beabsichtigten Verstaatlichungen festhielten und sich die Unternehmer (größere) finanzielle Gewinne versprachen.

4 Die Weltanschauung der Nationalsozialisten – eine Ideologie

1. **a)** und **b)** Individuelle Lösungen.

2. <u>Wesentliche Elemente der nationalsozialistischen Weltanschauung waren</u>:
   - Im Leben setzt sich der Stärkere durch.
   - Die „arische" Rasse sei auserwählt zur Herrschaft über andere.
   - Juden sind das Negative in der Welt.
   - Deutschlands Ziel ist die Weltherrschaft zu erlangen.
   - Der nationalistische Staat ist am Führerprinzip ausgerichtet.
   - Der Einzelne hat sich dem Volk unterzuordnen.
   - Die Kommunisten sind zu bekämpfen.

3. **a)** Ideologie ist das Fremdwort für Weltanschauung.
   b) Der Nationalsozialismus kann als „Anti-Ideologie" bezeichnet werden. Er sagt, wogegen er ist, aber oftmals nicht, wofür er eintritt.
   c) Die Nationalsozialisten bekämpften insbesondere die Juden und andere Rasser sowie die Kommunisten.
   d) Das Leben wurde von den Nationalsozialisten als Kampf betrachtet, in dem sich der Stärkere behauptet.

4. Der Führer steht an der Spitze des Staates und bestimmt alles. Alle anderen im Volk haben dem Führer treu zu dienen und zu folgen. Es ist gegen jedes Demokratieprinzip.

5. Individuelle Lösungen.

5 Regierungsübernahme der Nationalsozialisten 1933

1. **a)** Hitler kam am am 30.01.1933 gesetzlich (=legal) an die Macht. Die Ernennung Hitlers zum deutschen Reichskanzler durch den Reichspräsidenten von Hindenburg entsprach der deutschen Verfassung.
   b) individuelle Lösungen.
   c) Hitler strebte sogleich neue Reichstagswahlen an, um ein besseres Ergebnis zu- Bildung einer Alleinregierung zu bekommen.

DER NaTIONaLSOZIaLISMUS – Die Geschichte einer Katastrophe – Bestell-Nr. 11 317

KOHL VERLAG

6 „Gesetz zur Erhebung der Not von Volk und Reich"

1. a) Das Gesetz wurde von den anwesenden Mitgliedern des Reichstages beschlossen.
   b) Knapp 2 Monate nach der Ernennung Hitlers zum deutschen Reichskanzler kam es zu diesem Gesetz.
   c) Die Reichsregierung hat das Recht, Gesetze zu beschließen, ohne dass der Reichstag darüber abstimmen und zustimmen muss.
   d) „Ermächtigungsgesetz" bedeutet, dass die Reichsregierung unter der Führung des Reichskanzlers Hitler durch den Reichstag gesetzlich die Befugnis (=Ermächtigung) bekam, selbst Gesetze zu beschließen.
   e) Das „Ermächtigungsgesetz" lässt sich nicht mit dem demokratischen Prinzip der Gewaltenteilung vereinbaren. Aufgrund des „Ermächtigungsgesetzes" war nicht mehr die Trennung zwischen der exekutiven und legislativen Gewalt gegeben.

2. Durch die Zustimmung zum „Ermächtigungsgesetz" - nur die anwesenden Mitglieder der SPD stimmten im Reichstag dagegen – büßte der Reichstag sein Entscheidungsrecht bei der Gesetzgebung wesentlich ein.

3. Zusammengehörende Paare: 1 - E; 2 - A; 3 - B; 4 - D; 5 - F; 6 - C

7 Nationalsozialistische Machterweiterung & -festigung

1. a) und b) Individuelle Lösungen.

8 Innenpolitische Lage Deutschlands Mitte 1934

1. Individuelle Lösungen.

2. a) Individuelle Lösungen.
   b) Herr Meier würde von den Nationalsozialisten als Belastung für den Staat und die Gesellschaft betrachtet werden.
   c) Hitler war der Meinung, dass auf diese Menschen verzichtet werden könne.

3. a) Wir leben heute in einer Demokratie.
   b) z.B.: Im Nationalsozialismus herrschte eine strenge Diktatur von oben, bei der das Recht des Einzelnen außer Acht gelassen wurde. Dagegen werden in der Demokratie auch die Rechte des Einzelnen geschützt und wahrgenommen.
   c) Hitler handelte eigenmächtig, obwohl er nach außen hin nach dem Prinzip „Recht ist, was dem Volk nützt" vorging. Er handelte nach nationalsozialistischen Motiven, die er selbst verfasste.
   d) Individuelle Lösungen.

9 Kindheit und Jugend im Nationalsozialismus

1. Die beiden Bilder sind Werbeplakate der NSDAP. Sie sollen die Kinder und Jugendlichen bewegen, in die „Hitler-Jugend" (HJ) bzw. in den „Bund Deutscher Mädel" (BDM) einzutreten.

2. Die Bezeichnung „geraubte Kindheit und Jugend" verweist darauf, dass die Kinder und Jugendlichen sich nicht frei entwickeln konnten, sondern nach dem Willen der Nationalsozialisten erzogen wurden. Die freie Entfaltung der Persönlichkeit wurde den Heranwachsenden nicht ermöglicht, sondern „geraubt".

3. a) Hitler spricht über die deutschen Kinder, Jugendlichen und Jungerwachsenen.
   b) HJ = Hitlerjugend;   SA = Sturmabteilung;   SS = Schutzstaffel

4. a) Hitler beschreibt, wie die deutschen Kinder, Jugendlichen sowie Jungerwachsenen in verschiedenen Organisationen von den Nationalsozialisten erfasst, vereinnahmt und im Sinne des Nationalsozialismus geschult werden.
   b) Individuelle Lösungen.

10 Wirtschaftliche und soziale Entwicklung in Deutschland

1. 1. wahr 2. wahr 3. falsch 4. wahr 5. falsch 6. wahr 7. wahr 8. falsch 9. wahr 10. falsch

   Verbesserung der falschen Aussagen: **3.** 1939 gab es in Deutschland sehr wenige Arbeitslose. **5.** Während der Herrschaft der Nationalsozialisten waren die Löhne nur ein wenig höher als in den Krisenjahren 1932-1933. **8.** Die Landwirtschaft wurde durch die Nationalsozialisten gefördert, zumindest war es das Ziel. **10.** Die Wirtschaft wurde zunehmend darauf ausgerichtet, Krieg zu führen („Kanonen statt Butter").

DER NaTIONaLSOZIaLISMUS
Die Geschichte einer Katastrophe   –   Bestell-Nr. 11 317

KOHL VERLAG

11 Deutsche Außenpolitik 1933 - 1939

1. I = Die deutsche Armee muss in vier Jahren einsatzfähig sein.
II = Die deutsche Wirtschaft muss in vier Jahren kriegsfähig sein.

2. a) Der Versailler Vertrag von 1919 sah für Deutschland als Verlierer harte Bestrafungen (Gebietsabtretungen, Entwaffnung, hohe Reparationen ...) vor. Hitler gab zunächst vor, ihm ginge es nur um die Veränderungen der Bestimmungen des Versailler Vertrages (="Diktat von Versailles") für Deutschland.
b) - Rückzug Deutschlands von der Genfer Abrüstungskonferenz, Austritt aus dem Völkerbund (1933)
 - Wiederangliederung des Saarlandes an Deutschland (1935)
 - Einführung der allgemeinen Wehrpflicht in Deutschland
 - Besetzung der linksrheinischen Zone durch deutsche Soldaten

3. Individuelle Lösungen.

4. a) - Österreich wurde an das Deutsche Reich angeschlossen (1938).
 - Das Sudetenland wurde in das Deutsche Reich eingegliedert (1938).
 - Das Protektorat (Schutzgebiet) Böhmen und Mähren wurde errichtet (1939).
 - Deutschland bekam das Memelgebiet (1939).
b) Deutschland verbündete sich im Antikomiternpakt mit Italien (1936) und Japan (1937) gegen die Sowjetunion.
c) Der Nichtangriffspakt zwischen Deutschland und der Sowjetunion überraschte in der Öffentlichkeit sehr, denn der Nationalsozialismus bekämpfte eigentlich den Kommunismus (der Sowjetunion). Zudem bestand ja der Antikomiternpakt zwischen Deutschland, Italien und Japan.

5. Individuelle Lösung.

12 Der Zweite Weltkrieg (1939-1945) in Kurzfassung

1. <u>In dieser Reihenfolge:</u> Polen, Gleiwitz, Frankreich, Deutschland, Tote, Blitzsiege, Sowjetunion, Alliierten, Wende, Europa, Osten, Nationalsozialisten

2. <u>Jeweils von oben nach unten:</u>
a) Polen, Norwegen, Frankreich, Großbritannien, Griechenland; **b)** Sowjetunion, Moskau; **c)** Pearl Harbour, USA, Afrika;
d) Luftangriffe, Stalingrad, Afrika, Sizilien; **e)** Normandie, Dresden, Berlin, Deutschland, Europa; **f)** Hiroshima, Nagasaki, Japan

3. Individuelle Antworten.

13 Judenverfolgung (Antisemitismus)

1. Antisemitismus bedeutet Judenverfolgung. Der Begriff wurde im Jahr 1879 geprägt und bedeutet Ablehnung und Bekämpfung. Semiten sind aus Arabien stammende in Vorderasien und Nordafrika sesshafte Völker mit semitscher Sprache.

2. <u>Phase 1</u>: Vor einem jüdischen Geschäft stehen mehrere Personen, zwei davon tragen jeweils eine nationalsozialistische Uniform. Ein Mann hält an einem Stock ein Schild hoch, auf dem zu lesen ist: "Deutsche kauft nicht bei Juden". Dieses Bild ist aus der Zeit der ersten Phase der Judenverfolgung.

<u>Phase 2</u>: Ein Plakat wird gezeigt, das die Nürnberger Gesetze zur Ehe zwischen Juden und Ariern regelt. Anhand dieser Tabelle wurde aufgezeigt, welche Ehen erlaubt waren.

<u>Phase 3</u>: Jüdische Männer, Frauen und Kinder, die die Hände zum Ergeben hochhalten, werden von uniformierten und bewaffneten deutschen Soldaten (möglicherweise SS-Angehörige) bewacht und abgeführt. Dieses Bild ist aus der Zeit der dritten Phase der Judenverfolgung.

<u>Phase 4</u>: Zahlreiche gänzlich abgemagerte Leichen liegen nackt bzw. in zerfetzter Kleidung in einem Konzentrationslager auf dem Boden. Bei den Toten handelt es sich wahrscheinlich um Juden. Dieses Bild dokumentiert exemplarisch die vierte Phase der Judenverfolgung.

3. <u>Religiöse Motive</u>: Da die Juden für sich den Anspruch auf das "auserwählte Volk Gottes" erheben, wurde daraus oft die Missachtung anderer Religionen, vor allem der christlichen Religion, abgeleitet. Durch die Geschichte galten Juden als "Christusmörder".
<u>Wirtschaftliche Motive</u>: Juden in gehobenen Berufspositionen, die beruflich erfolgreich waren, hatten logischerweise auch viele Konkurrenten und Neider. Juden waren häufig im Handel und Geldverkehr tätig. Damit machten sie sich unbeliebt und gewiss auch viele "Feinde".
<u>Soziale Motive</u>: Juden lebten häufig in Vierteln, in denen auch viele andere Juden lebten. Während der Verfolgungszeit des Nationalsozialismus mussten sie dann in sehr engen Vierteln, sogenannten Ghettos, leben.

4. Die Deutschen seien die arische Rasse, die zur Herrschaft bestimmt sei. Die Juden wurden damit zu "Untermenschen" herabgestuft.

5. Jüdische Bürger hatten sich um Deutschland verdient gemacht. Jüdische Männer hatten im Ersten Weltkrieg für Deutschland gekämpft und als Soldaten oftmals ihr Leben gelassen.

DER NaTIONaLSOZIaLISMUS – Die Geschichte einer Katastrophe – Bestell-Nr. 11 317

KOHL VERLAG

14   „Damals war es Friedrich"

1. <u>Friedrich Schneider</u>: geboren 1925, Einzelkind, wohnt mit Eltern im 2. Stock, „Judenbengel", Familie gläubige Juden, spielt mit Hans Peter, 1931 in die Schule
<u>Hans Peter Richter</u>: geboren 1925, Einzelkind, wohnt mit Eltern im 1. Stock, spielt mit Friedrich, 1931 in die Schule
<u>Herr Resch</u>: streng, mürrisch, Hauseigentümer, beschimpft Friedrich als „Judenbengel"
<u>Herr Schneider</u>: gläubiger Jude, Postbeamter, Vater von Friedrich
<u>Herr Richter</u>: arbeitslos, Vater von Hans Peter, hat Geldsorgen
<u>Hans Peters Großvater</u>: unterstützt die Familie Richter finanziell, Hans Peter soll nicht mit Friedrich spielen
<u>Nationalsozialisten</u>: übernehmen 1933 die Macht unter Reichskanzler Hitler, beginnen die Judenverfolgung
<u>Hausarzt der Familie Schneider</u>: auf dem Namensschild „Jude"
<u>Mann mit Hakenkreuz</u>: Binde am Oberarm, Pappschild, auf dem steht: „Kauft nicht beim Juden!"

2. Individuelle Antworten.

3. a) Vortrag mit Judenbeschimpfungen: Verbrecher und Mörder, Gefahr für das deutsche Volk, Feinde
   b) Herr Schneider wird von der Post entlassen; neuer Job in einem jüdischen Geschäft, Friedrich muss die Schule wechseln; sie verlieren die „deutsche" Reinemachefrau
   c) „Jude sein" kein Grund zum Ausziehen
   d) Das 1935 von den Nationalsozialisten beschlossene Rassengesetz besagt, dass deutsche Hausangestellte unter 45 Jahren nicht bei Juden arbeiten dürfen.

4. Individuelle Antworten.

5. a) <u>Familie Schneider</u>: möchte in Deutschland bleiben; denkt: Nazis werden Juden in Ruhe lassen; im Schwimmbad: „Pfui! Jude!"
   <u>Familie Richter</u>: NSDAP-Mitglied; rät Familie Schneider, Deutschland zu verlassen
   b) jüdische Geschäfte, Büros und Synagogen werden beschädigt oder zerstört; Juden werden ermordet; jüdische Büros und Geschäfte werden aufgelöst
   c) <u>Familie Schneider</u>: Frau Schneider stirbt; Familie muss den Schaden selbst bezahlen; Herr Schneider verliert Arbeitsplatz; repariert Lampen für Geld
   <u>Familie Richter</u>: geht es relativ gut
   d) Die Juden sind den Angriffen der Nationalsozialisten hilflos und schutzlos ausgeliefert. Sie müssen um ihre Existenz und um ihr Leben fürchten.

6. Individuelle Antworten.

7. a) Friedrich kommt nicht zum Treffen; befürchtet Probleme für Helga
   b) Rabbiner und Herr Schneider werden von der Gestapo in Handschellen abgeführt
   c) Friedrich versteckt sich, er lebt im Schmutz und hungert
   d) Friedrich muss den Luftschutzkeller wieder verlassen.

8. a) Luftschutzwart; bedroht die Hausbewohner, wenn Juden in den Keller kommen; lässt Friedrich hirein und weist ihn wieder hinaus; droht mit Anzeige; tritt den toten Friedrich
   b) sucht seinen Vorteil, ist ein „Nazi".

9. Er ist mutmaßlich von einem oder mehreren Splittern einer Bombe getroffen worden.

10. Individuelle Lösungen.

15   Widerstand gegen die nationalsozialistische Herrschaft

1. a) Aktionen waren zum Beispiel die Verteilung von antinationalsozialistischen Flugblättern, Aufnehmen und Verstecken von NS-Verfolgten, Sabotage, Attentate.
   b) Der deutsche Widerstand war nicht einheitlich organisiert, sondern bestand aus sehr unterschiedlichen Widerstandsgruppierungen, zum Beispiel militärische, jugendliche und studentische Organisationen.
   c) Die Alliierten unterstützten die deutschen Widerstandskämpfer nicht und arbeiteten auch nicht mit ihnen zusammen. Der deutsche Widerstand wurde von den Alliierten kaum beachtet.
   d) Der Generalstabsoffizier von Stauffenberg unternahm ein Bombenattentat auf Hitler. Die Tötung Hitlers misslang. Von Stauffenberg wurde noch am selben Abend standrechtlich erschossen.
   e) Viele Widerstandskämpfer wurden von den Nationalsozialisten gefasst und hingerichtet.

16   Das Schicksal von Annemarie Gerken und Stephan Szablewski

1. a) Die Geschichte zeigt exemplarisch die Brutalität des Nationalsozialismus.
   b) Individuelle Antworten.
   c) Individuelle Antworten.

DER NaTIONaLSOZIaLISMUS – Bestell-Nr. 11 317
Die Geschichte einer Katastrophe

KOHL VERLAG

17 **Rätsel zum Nationalsozialismus**

1.

1=	H	A	K	E	**N**	K	R	E	U	Z				
2=	G	L	E	I	C	H	S	C	H	**A**	L	T	U	N	G
3=	K	O	N	Z	E	N	T	R	A	**T**	I	O	N	S	L	A	G	E	R
4=	H	**I**	T	L	E	R	J	U	G	E	N	D
5=	N	E	**O**	N	A	Z	I
6=	E	R	M	Ä	C	H	T	I	G	U	**N**	G	S	G	E	S	E	T	Z
7=	N	**S**	D	A	P
8=	H	O	**L**	O	C	A	U	S	T
9=	A	N	T	I	**S**	E	M	I	T	I	S	M	U	S
10=	P	O	**L**	E	N
11=	**Z**	W	A	N	G	S	A	R	B	E	I	T
12=	D	**I**	K	T	A	T	U	R
13=	K	**A**	M	P	F
14=	M	E	L	D	E	G	Ä	N	G	E	R
15=	Ö	S	T	E	R	R	E	**I**	C	H
16=	A	U	**S**	C	H	W	I	T	Z
17=	K	O	**M**	M	U	N	I	S	T	E	N
18=	P	U	T	S	C	H
19=	S	C	H	U	T	Z	**S**	T	A	F	F	E	L

19 **Nationalsozialismus im Deutschunterricht**

Jeweils individuelle Lösungen.

20 **Nationalsozialismus – Wissenstest**

1. Die Nationalsozialisten unter der Führung von Hitler sowie Sympathisanten unternahmen in München einen Umsturzversuch („Hitler-Putsch"), um gewaltsam die Macht in Bayern zu gewinnen. Der Aufstand wurde aber von der bayerischen Polizei niedergeschlagen.

2. Die NSDAP wurde damals hauptsächlich vom Mittelstand, (hochverschuldeten) Landwirten in Norddeutschland, von Personen in protestantischen Gebieten sowie vorherigen Nichtwählern, Wechselwählern und Jungwählern gewählt.

3. - Betrachtung des Lebens als Kampf
   - Rassismus
   - Judenhass (=„Antisemitismus")
   - Deutscher Nationalismus und Imperialismus
   - Führerprinzip und Führerkult
   - Nationaler Sozialismus
   - Antikommunismus

4. Hitler wurde durch den deutschen Reichspräsidenten von Hindenburg zum deutschen Reichskanzler ernannt.

5. Die Nationalsozialisten machten für den Reichstagsbrand die Kommunisten verantwortlich, obwohl die Tat lt. heutigem Forschungsstand von einem Einzeltäter begangen wurde, der kein Kommunist war. In jedem Fall nutzten die Nationalsozialisten den Brand aus, um ihre politischen Widersacher (vor allem die Kommunisten) auszuschalten. So wurden z.B. durch einen Erlass wichtige Grundrechte eingeschränkt.

6. Das Ermächtigungsgesetz besagte, dass nicht nur der Reichstag, sondern fortan die Reichsregierung allein, die von Hitler geführt wurde, Gesetze beschließen konnte.

7. Gleichschaltung bedeutet, dass die Nationalsozialisten alle bestehenden Einrichtungen unter ihre Kontrolle und auf eine einheitliche Linie gemäß dem Nationalsozialismus brachten.

8. Hitler übte ab Mitte 1934 die 3 Gewalten aus:
   - exekutive Gewalt (= ausführende Gewalt)
   - legislative Gewalt (= gesetzgebende Gewalt)
   - judikative Gewalt (= richterliche Gewalt)

9. Hitler und andere Nationalsozialisten erwarteten von der deutschen Jugend Verhaltensweisen wie Gehorsam, Tapferkeit, Härte, Kameradschaft ... Die deutsche Jugend sollte „rank und schlank, flink wie Windhunde, zäh wie Leder und hart wie Kruppstahl" sein.

10. Die deutschen Kinder und Jugendlichen hatten keine Möglichkeit, sich frei zu entwickeln und zu entfalten. Schon früh wurden sie im Sinne des Nationalsozialismus geschult (siehe HJ und BDM). Den Heranwachsenden wurde kein Freiraum gegeben.

DER NaTIONaLSOZIaLISMUS – Die Geschichte einer Katastrophe – Bestell-Nr. 11 317

KOHL VERLAG

11. HJ = Hitlerjugend
    BDM = Bund Deutscher Mädel
    SA = Sturmabteilung
    SS = Schutzstaffel
    KZ = Konzentrationlager
    Gestapo = Geheime Staatspolizei
    DAF = Deutsche Arbeitsfront
    KdF = Kraft durch Freude

12. - Reichsarbeitsdienst, allgemeine Wehrpflicht, Landjahr
    - Straßen-, Kanal- und Entwässerungsprojekte
    - Wohnungsbau, Errichtung von Parteibauten
    - indirekte und direkte Aufrüstung (z.B. Autobahn-, Kasernenbau)
    - Ausschließung von Juden und NS-Gegnern aus dem Arbeitsbereich
    - Verdrängung von Frauen aus dem öffentlichen Berufsleben

13. - Förderung der Landwirtschaft
    - Streben nach Selbstversorgung in der Landwirtschaft
    - Ausrichtung der Wirtschaft auf den Krieg

14. Die deutsche Wehrmacht sollte in 4 Jahren einsatzfähig sein und die deutsche Wirtschaft im selben Zeitraum kriegsfähig sein.

15. - 1933 bis 1936: Herkömmliche Außenpolitik und getarnte Angriffsvorbereitungen unter dem Deckmantel der Korrektur des Versailler Vertrages.
    - 1936 bis 1939: Vorbereitung und Übergang zur Expansion (= räumliche Ausdehnung)

16. Deutschland schloss den Antikominternpakt mit Japan im Jahr 1936 und mit Italien 1937 ab.

17. Der Zweite Weltkrieg begann am 1.9.1939 mit dem deutschen Überfall auf Polen.

18. 1. Phase (1933-1935): Ächtung und langsame Ausschaltung der Juden aus den Bereichen des öffentlichen Lebens.
    2. Phase (1935-1938): Nürnberger Gesetze („Gesetz zum Schutz des deutschen Blutes und der Ehre") = Entrechtung der Juden
    3. Phase (1938-1941): Judenprogrome und Beginn der Massendeportationen
    4. Phase (1941-1945): Massenvernichtung der Juden

19. Der deutsche Widerstand war nicht einheitlich organisiert, sondern bestand aus sehr unterschiedlichen Widerstandsgruppierungen, z.B. militärische, jugendliche, studentische Organisationen.

20. Der Generalstabsoffizier von Stauffenberg unternahm ein Bombenattentat auf Hitler. Die Tötung Hitlers misslang. Von Stauffenberg wurde noch am Abend des 20.07.1944 standrechtlich erschossen.

Hinweis: Bei einer 50-Punkte-Skala entspricht jeder Punkt eine Zehntelnote.
(50 Pkt. = 1; 49 Pkt. = 1,1; 48 Pkt. = 1,2; 47 Pkt. = 1,3; 46 Pkt. = 1,4; 45 Pkt. = 1,5;
.... 40 Pkt. = 2 .... 30 Pkt. = 3; .... 25 Pkt. = 3,5; .... 20 Pkt. = 4 ....)
Natürlich ist auch eine andere Gewichtung oder eine andere Aufgabenauswahl möglich.

DER NaTIONaLSOZIaLISMUS – Die Geschichte einer Katastrophe – Bestell-Nr. 11 317

KOHL VERLAG